KB124395

꿈은 모르겠고
취업은 하고 싶어

꿈은 모르겠고
취업은 하고 싶어

금두환 지음

달볼

적어도 이 책을 읽는 당신에겐
아직 희망이 있다

김수영

작가, 강연가, 기업인, 콘텐츠 제작자

『당신의 꿈은 무엇입니까』, 『마음스파』 저자

유튜브 김수영 TV 진행자

지난 5년간 금두환 대표를 알고 지내면서 저는 세 번 놀랐습니다.

사실 그는 저와 함께 대규모 청소년 행사에 출연하기로 한 유명 연예인이 사회적 물의를 일으키는 바람에 급하게 투입된 대타였습니다. 저로서는 처음 보는 사람이었기에 별다른 기대가 없었지요. 그런데 그가 무대에 서는 순간 저는 깜짝 놀라고 말았습니다. 그가 엄청난 내공과 카리스마로 저와 다른 출연진을 포함한 관객 모두를 완전히 압도해버렸거든요.

저는 이상한 자존심이 있어서 다른 유명 강사나 연예인에게 먼저 연락처를 물어보는 경우가 거의 없습니다. 그런데도 왠지 그의 연락처는 꼭 받아야 할 것 같았습니다. 그 후 저는 진로나 취업 관련 강연자를 추천할 때 늘 그를 추천했고, 매번 너무 좋은 분을 소개해주셔서 감사하다는 얘기를 듣곤 했습니다.

두 번째로 놀랐을 때는 그의 성장 환경에 대해 알고 나서였습니다. 스마트한 이미지와 달리 처절할 정도로 힘든 환경에서 자랐다는 것을 알고 가슴이 아팠습니다. 비록 저는 가난했지만 건강한 부모님이 계셨는데, 그는 아픈 부모님 때문에 할머니 손에서 자랐고 가난과 방황으로 노숙까지 경험한 사람이었습니다. 언젠가 장인, 장모님을 모시고 산다는 그의 얘기에 제가 불편하지 않으냐고 물었는데, 그는 "아내의 부모님이지만 이제라도 가족과 함께 살 수 있어 정말 행복한걸요"라고 말했습니다. 그 말에 저도 모르게 눈시울이 붉어졌습니다.

세 번째로 놀랐을 때는 학생들 한 명 한 명을 생각하는 그의 진심을 느끼고 나서였습니다. 제 주변에는 수많은 강사와 컨설턴트가 있지만 그들 대부분의 우선순위는 돈과 명예에 있습니다. 하지만 금두환 대표는 한 명이라도 더 자기 인생의 방향을 제대로 찾을 수 있도록 돕겠다는 생각으로 전국의 모든 곳을 다닙니다.

보통 다수를 상대로 하는 강연보다 1:1 상담이 훨씬 더 많은 에너지를 필요로 하고, 특히 '제가 뭘 원하는지 모르겠어요'라는 막막한 마음으로 온 친구들은 상대하기가 더 쉽지 않습니다. 하지만 그는 언제나 그들이 빠른 취업보다는 바른 취업을 할 수 있도록 진심을 다해 조언하고, 결국 그들이 잘되면 자기 일처럼 기뻐하는 사람입니다. 자신을 필요로 하는 사람이 너무 많다 보니 늘 무리하게 되고 때때로 과로로 인해 '링거투혼'을 할 때도 있습니다. (그러다 보니 이 책이 나오기까지도 몇 년이나 걸렸습니다.)

그의 진심과 열정, 그리고 뛰어난 역량을 보면서 '이 사람은 조만간 전국적으로 이름을 떨칠 사람이 되겠구나'라고 생각했습니다. 마치 다이아

몬드 원석을 발견한 느낌이랄까요? 이 책을 쓰라고 권유한 것도, 출판사 다산북스에 소개한 것도 저였습니다. 이 사람을, 그리고 이 사람의 이야기와 이 사람이 하고자 하는 이야기를 더 많은 사람이 알아야 하니까요.

제가 대학을 졸업한 15년 전에도 취업은 쉽지 않았습니다. 저 역시 50개 넘는 회사에 지원했고, 요즘 표현으로 '광탈'을 무수히 경험했죠. 운이 좋게도 좋은 회사에 들어갔지만 적성에 맞지 않아서 굉장히 힘들었습니다. 영국에 가서도 100군데 회사를 지원한 끝에 좋은 다국적 회사에 들어갔지만 처음 1년 반 동안은 직무가 맞지 않아 나 자신이 무능하게만 느껴졌습니다.

저의 적성이나 꿈과 상관없이 회사 간판과 연봉만을 보고 들어갔기 때문이었겠지요. 학교 다닐 때 무려 서른 개 이상의 아르바이트를 해봤음에도 나라는 사람에 대한 성찰이 충분하지 않았던 것입니다. 다행히도 늦게나마 저에게 맞는 직무로 옮겨서 제 실력을 발휘하며 즐겁게 일할 수 있었지만 먼 길을 돌아가야 했지요.

그래도 저의 이런 방황은 90년대생들이 겪고 있는 현실에 비하면 사치스러운 것이었을지도 모릅니다. 괜찮은 회사에 들어가 괜찮은 연봉을 받거나 자신의 적성을 살리는 것은 고사하고 아르바이트생, 인턴 한 명을 뽑는데도 경쟁이 너무나 치열합니다. 그래서 온갖 스펙 종합세트를 준비해야 하는데 저처럼 주변에 도와줄 사람이 없는 흙수저들에겐 하루하루 먹고사는 것도 벅찬 현실입니다.

그래서 경제력뿐만 아니라 꿈에도 빈익빈 부익부 현상이 발생합니다. 어떤 학생들은 어렸을 때부터 국내외에서 다양한 체험을 하고 좋은 교육을 받으며 자신의 꿈을 찾아가는 반면, 고시원에 사는 어떤 학생들은 최저임금을 받으며 아르바이트에 쫓겨 스펙은커녕 자신이 무엇을 좋아하는지 깨닫게 할 경험조차 하지 못하게 되는 것이죠.

그럼에도 저는 아직 이 세상에 희망이 있다고 생각합니다. 적어도 이 책을 집어 들고 있는 당신에게는 말입니다. 아무리 빈부격차가 심해도 이 책 한 권이면 당신은 방황의 기회비용을 아낄 수 있습니다. 예전의 저처럼 주변에 멘토가 없어도, 이렇게 친절하게 당신을 위해서 취업의 모든 것을 알려주고, 스스로를 점검할 수 있도록 혼신을 다해 자신의 모든 노하우를 쏟아놓는 사람이 있으니까요.

저는 당신이 정말 취업을 잘 했으면 좋겠습니다. 당장 꿈이 없어도 괜찮습니다. 다양한 일도 해보고 어느 정도 경제적인 독립을 하고 난 후에 꿈을 찾아도 늦지 않습니다. 원래 꿈이라는 건 머릿속으로 막연히 생각해서 찾아지는 게 아니라 생업의 현장에서 온몸으로 부딪혀가며 자신이 뭘 좋아하고 싫어하고, 뭘 잘하고 못하는지를 깨달으면서 더 선명하게 그려지는 것이니까요.

이 책은 그냥 읽는 책이 아니라 직접 써보고 활용하는 책이 되어야 합니다. 그래서 '나'라는 사람을 좀 더 알아가고, 내 인생의 전략을 세워보고, 나아가 내 인생의 궁극적인 지향점을 찾아갈 수 있는 계기로 삼길 바랍니다.

요즘 애들의 취업 책은
좀 달라야 할 것 같아서

바야흐로 '소확행'과 '욜로'의 시대입니다. 출세와 안정적인 미래를 위해 현재를 포기했던 청춘들이 이젠 뭘 해봤자 안 된다는 깨달음을 얻은 겁니다. 일본 사회는 80년대생에게 득도했다는 뜻의 '사토리 세대'라는 이름을 붙였는데, 역시 우리 사회는 일본보다 딱 10년 정도 늦나 봅니다. 취업 전선에 있는 90년대생을 보며 저는 여러분의 깨달음에 대해 다시 한 번 생각해봅니다.

여러분의 깨달음엔 분명한 원인이 있습니다. 희망의 사다리가 사라져 버렸으니까요. 대부분의 청춘들은 평범하고 착실하게 살아왔지만 딱히 갈 곳이 없습니다. 어디 간다고 해도 빤합니다. 월급이 많지도 않고, 오래 다닐 수도 없는데, 그렇다고 편하게 다닐 수 있는 것도 아닙니다. 그래서 어렵게 취업해도 버티지 못하고 뛰쳐나옵니다. 아직 취업을 하지 않은 학생들은 그런 선배들의 모습을 보며 노력하지 않기로 마음먹습니다. 여기에 무슨 희망이 있을까요?

좋은 일자리는 몇 안 될 텐데 거기엔 내가 갈 수 없으니, 그냥 대충 살게 되는 겁니다. 저 같은 기성세대의 눈에 더 슬픈 건 여러분이 그래도 그 삶을 괜찮다고 생각한다는 사실입니다. 왜 괜찮다고 생각하는지는 잘 알고 있습니다. 나만 그렇게 사는 게 아니라 다들 그렇게 사니까요. 주위를 둘러봤더니 다 똑같거든요. 모두 답이 없습니다. 그렇게 서로가 서로에 대한 위안으로 버티는 삶을 살게 된 겁니다.

돌이켜보면 저 같은 80년대생은 좀 달랐던 것 같습니다. 저희는 항상 겁에 질려 있었거든요. IMF 외환위기 당시 부모가 회사에서 쫓겨나고 운영하던 사업체가 망하는 걸 봤기 때문인지, 조금만 삐끗하면 낙오되는 세상에 대한 커다란 공포가 있었습니다. 그래서 공부 잘하는 아이들은 다른 꿈을 꾸지 않고 교대나 사대로 진학하고, 너 나 할 것 없이 공무원이 되려고 했지요. 그러니까 예전 세대 같으면 '부모님을 좀 생각해보라고, 뭐라도 좀 해보라'고 독려하면 분발심을 만들 수 있었습니다. 되든 안 되든 자신을 끝까지 밀어붙여 보라고 자극을 줄 수 있는 방법이 있었던 것이죠.

그런데 여러분에게는 그런 공포와 두려움조차 없는 것 같습니다. 어차피 해도 안 되고, 해봤자 별로고, 다들 그렇게 사니까 그냥 그럭저럭 괜찮은 건가요? 좌절감이 크다는 단순한 말로는 표현이 잘 안 되는 상황입니다. 뭐든 할 만한 게 있어도 경쟁률이 말도 안 되게 높으니까, 50 대 1 뭐 이런 걸 뚫어본 경험이 없으니까, 의지가 안 생기는 게 당연한 일이겠죠.

사람이 자신감을 갖고 자존감을 갖는 건 작은 성공의 맛을 보고, 그런 경험이 누적될 때입니다. 그래야 다음 단계에 도전할 용기가 생기게 되죠. 반대로 그런 성공의 경험이 없다면, 무언가에 도전해볼 마음이 생길 턱이 없습니다. 열에 아홉이 그렇게 어정쩡하게 성장해왔습니다. 공부를 잘하는 것도, 다른 대단한 특기가 있는 것도, 집에 돈이 많은 것도 아니지만, 그렇다고 당장 뭐라도 안 하면 큰일 날 정도로 힘든 상황도 아닌 겁니다. 그러니 그냥 남 뒤통수만 보며 따라온 거예요. 그렇게 따라가다가 '이렇게 살면 대학도 가겠지, 취업도 하겠지' 하고 막연히 생각해왔던 거죠.

그런데 취업이라는 현실에 부닥쳐보니 이게 보통 일이 아니란 걸 알게 되면서 혼돈이 생깁니다. 그렇다고 이제 와서 내가 걸어온 길이 다 잘못되었다고 인정하는 건 너무 힘이 듭니다. 마치 트라우마가 있어도 그 상처를 부정하고 외면해야 살아갈 수 있듯, 내 눈앞에 놓인 현실을 절대 인정할 수가 없습니다. 누군가는 그 모든 것을 부정해야 살아갈 수 있는 거지요. 현실을 직시하고 심각하게 걱정하면 삶은 더 크게 위협당하게 될지도 모르거든요. 그래서 할 수 있는 건, '괜찮아, 다들 그래, 어차피 이번 생은 망했어' 이런 말을 주고받으며 서로 위로하는 것뿐입니다.

가끔 취업준비생이 아니라 신입사원을 교육할 때도 있는데, 그들을 가르치다 보면 제가 구차해진다는 느낌을 받을 때가 많습니다. '이런 것까지 가르쳐줘야 해?'라는 생각이 들 때가 많은 거죠. 반대로 90년대생은 '그것까지 간섭을 하냐? 으, 깐깐하고 쪼잔한 인간!'이라고 생각합니다.

기성세대는 '너 배고프다며? 밥 먹으려면 뛰어야 할 것 아냐?'라고 다그치지만, 그들은 배고프면 배고픈 대로, 그냥 무엇이든 결여된 것을 그 자체로 받아들이며 살아갑니다. 죽고 싶을 만큼 힘들어도 떡볶이만 먹으면 그만이니까요. 논리적으로 접근하면 할수록 그 논리가 더 구차해질 뿐인 거죠.

네, 저는 이런 90년대생을 상대합니다. 아무런 의지가 없는 친구들에게 취업에 대한 동기부여를 해줘야 하는 일입니다. 자기 적성은커녕, 뭘 좋아하고 뭘 하고 싶은지도 모르는 친구들이 대다수입니다. 그런 고민조차 별로 해본 적이 없었던 거죠. 고민을 하고 스스로 노력해서 문제를 풀려고 노력해본 적이 거의 없었던 겁니다.

여러분이 제게 처음으로 하는 질문은 이것입니다.

"저 뭐부터 해야 하죠?"

그럼 저는 답합니다.

"너 게임할 때 설명서 같은 거 읽고 시작한 적 없지? 혼자 이것저것 막 해보고 그러면서 조금씩 배웠지? 하다가 안 되면 더럽게 재미없네, 그러면서 그냥 지워버렸지? 그런데 그거 알아? 인생은 안 지워져."

그리고 입시 교육에 익숙한 여러분이 바로 이해할 수 있도록 이렇게 말합니다.

"취업은 네 인생이라는 시험에 나오는 가장 중요한 문제야. 그러니 잘 지켜봐야 해. 그리고 취업하기도 힘든데 취업해도 힘들다면, 바르게 취업하는 방법을 배워야 해. 일단 내 말대로 해보고, 그래도 안 되면 언제든 다시 나를 찾아와. 내가 책임지고 AS 해줄게."

그러면 아이들의 마음이 조금은 열립니다. 마음을 여는 게 가장 어려운 일입니다. 마음이 먼저 움직이지 않으면 그 어떤 행동도 하지 않으니까요.

취업 책 따위 아무도 안 본다는 것쯤은 저도 알고 있습니다. 취업 책 읽고 리뷰 올리는 사람들은 죄다 취업 강사들뿐이죠. 학생이 책을 읽고 리뷰를 남기는 경우는 정말 많지 않습니다. 책을 읽는 대신 취업 커뮤니티에서 정보를 공유하거나 유튜브 방송을 시청하겠지요.

그럼에도 그런 여러분의 마음을 열기 위해 이 책을 집필했습니다. 마음을 열어 최소한 취업하고 싶은 마음이라도 생기게 하려고요. 학교 취업상담실에라도 찾아올 수 있게 하려고요.

정말이지 다들 취업을 앞둔 시점에서 이 말만 반복합니다.

"나 뭐 해먹고 살지? 진짜 우리 뭐 해먹고 살지?"

그보다 조금 어린 친구들은 이렇게 말하지요.

"나 취업하기 싫어. 선배들 봐봐. 열심히 해봤자 저 꼴이잖아."

'꿈은 없고요, 그냥 놀고 싶습니다'라는 개그맨 박명수의 짤방이 몇 년째 유행하는데, 바로 이것이 여러분의 마음입니다.

하지만 한번 마음을 열면, 없던 용기도 내는 것이 90년대생이라고 생각합니다. '욜로족'답게 소비도 충동적으로 하는 여러분입니다. 지갑에 돈이 1~2만 원밖에 없어도 자기 마음을 알아주고 자기 가슴을 뛰게 만드는 책이 있으면 내용도 제대로 읽어보지 않고 그냥 집어서 삽니다. 그냥 좋아서, 밥을 안 먹어도 좋아서, 그렇게 돈을 쓰는 게 자신의 가치를 증명하는 거라서 자기 마음을 연 대상에겐 무장해제를 하는 것이죠.

그렇게 자신에게 의미가 있는 일, 자신에게 재미가 있는 일에 몰입할 줄 알기 때문에 취업에서도 반전 희망이 있을 거라고 생각합니다. 재미있고 가치 있는 것만 찾으면 되니까요. 꿈을 찾고 목표를 정하고 그 목표 달성을 위해 모든 걸 쏟아붓는 것이 기성세대의 성공 방정식이었다면, 여러분은 그런 목표 없이도 그저 재미있어서 시간 가는 줄 모르고 하다 보니 성공하게 되는 삶을 살 수 있는 것이죠.

재미있게 사는데도 성공할 수 있다는 걸 알면 나를 보는 여러분의 눈빛이 조금은 달라지더라고요. 이제 제가 할 일은 그 재미를 찾는 법을 알려주고, 그러기 위해 무엇을 경험해야 하는지를 알려주는 것입니다.

그냥 살아 있으면 여친이나 남친이 생기는 게 아니라 용기를 내 고백해야 여친이나 남친이 생기는 것처럼, 우리가 할 일도 용기를 내 도전해야 비로소 생깁니다. 남들처럼 사는 법만 배웠지, 나답게 사는 법을 배우지 못한 여러분에게 분명히 길이 있음을 알려주고 싶습니다.

이 책의 목표는 간단합니다. 각 지역별 고용지원센터로 여러분의 발길을 이끄는 겁니다. 고용노동부의 가장 큰 고민은 많은 예산을 들여 좋은 프로그램을 만들었는데도, 막상 학생들이 참여를 안 한다는 것입니다. 대학 내 취업지원센터도 마찬가지입니다. 여러분 주변엔 취업을 도와줄 수 있는 사람도 많고, 정부나 학교에서 운영하는 프로그램이나 시스템도 생각보다 잘되어 있습니다. 어떤 이유에서건 여러분이 잘 찾지 않는 것이 문제지요.

저는 이 책이 여러분을 그런 곳으로 데려가줄 수 있길 바랍니다. 제가 바로 그 증거입니다. 용기를 내 취업지원 프로그램의 문을 두드렸고, 그때 가까스로 열린 길을 따라 지금 여기까지 왔습니다.

의사가 칼과 약으로 사람의 병을 고친다면 저 같은 진로·취업 전문가는 말과 글로 사람의 인생을 고칩니다. 이 책 역시 그런 마음으로 썼습니다. 여러분의 마음을 열어 취업이 하고 싶어지도록, 지금보다 조금 더 재미있게 살 수 있도록 돕고 싶습니다. 우린 못했던 게 아니라 안 했던 겁니다. 부디 지금 이 책을 펼친 여러분은 자신의 꿈과 길을 찾아나갈 수 있기를 진심으로 바랍니다.

2019년 3월

금두환

차례

Part 1 원하는 일을 찾을 수 있을까?

: 내 인생이 7년 만에 뒤바뀐 이유

하기 싫은 일에는 핑계가 보이고
하고 싶은 일에는 방법이 보인다

꿈은 모르겠고,
취업은 해야겠고

"취업 문제로 고민하는 학생들, 그리고 아이들 진로 문제로 걱정하는 학부모님들과 선생님들이 가장 만나고 싶어 하는 진로설계 전문가. 금두환 교수님의 강의를 지금부터 들어보겠습니다."

조금은 민망하지만 나는 이렇게 나를 벅차게 소개해주는 말을 들으며 오늘도 연단에 오른다. 많을 때는 하루에 서너 번도 강연을 한다. 숨 돌릴 틈도 없는 시간이 이어지다 보면 물론 힘이 드는 것도 사실이지만, 강연을 듣기 위해 앉아 있는 이들의 눈빛을 보면 1분도 그냥 흘려보낼 수가 없다. 지금 당장 무엇을 어떻게 준비하면 좋을지 골몰하는 취업준비생의 간절함, 우리 아이들이 어떻게 하면 행복하게 자신의 진로를 찾아갈 수 있을까 염려하는 부모님의 절실함, 그런 마음들이 강연을 하는 내게 그대로 전해지기 때문이다.

물론 때로는 아무 생각 없이 누군가에 등 떠밀려 와서 자리에 앉아 있는 학생들의 순진함 혹은 무기력과도 마주한다. 하지만 강연을 시작하고 현실적인 이야기들을 하기 시작하면 어느새 그들도 한마음으로 강연에 집중하기 시작한다. 나는 힘껏 숨을 고르며 준비한 강연에 더 매진한다.

내가 이렇게 최선을 다할 수밖에 없는 이유, 매 강연 순간 책임감을 느끼며 임할 수밖에 없는 이유는 하나다. '내가 하는 강연, 내가 하는 컨설팅으로 그들의 인생이 달라질 수도 있다'는 믿음 때문이다. 그리고 사실은, 나 역시 그렇게 인생이 달라진 사람이기 때문이다.

'흙수저 중의 흙수저'에서 '스펙초월자'가 되기까지

나는 흔히 말하는 '흙수저 중의 흙수저'였다. 교통사고로 다리를 잃은 아버지와 화상으로 한쪽 팔이 불편한 어머니의 역할을 대신해주신 할머니 손에서 자랐다. 부모님이 이혼하고 기초생활수급자가 됐다. 돈이 없어서 1년에도 몇 번씩 할머니 손을 잡고 이사를 다니며 살았다. 어렵사리 주변의 도움을 받아 지방 국립대에 입학했고, 어찌어찌 학교를 다니며 졸업도 했지만 전공이 적성에 맞지 않았던 나는 아무런 희망이 없었다. 생계 곤란으로 군 면제를 받은 무스펙의 스물여섯 청년에게 일을 시켜주는 곳은 없었다.

그러던 어느 날 우연히 듣게 된 취업 강연과 컨설팅이 내 인생을 바꿨다. 나는 '커리어 컨설턴트'라는 꿈을 갖고 완전히 새로운 인생에 도전했다. 4년여를 고시원에서 생활하며 내가 가고자 하는 길로 한 계단 한 계단 올라섰다. 내가 어떻게 컨설턴트가 되어 지금까지 올 수 있었는지, 그 과정과 경험 그리고 그를 통해 느끼고 깨닫게 된 것들에 대해선 아마 이 책 곳곳에서 확인할 수 있을 것이다.

내가 이 길에 들어선 지도 어느새 10년이 훌쩍 지났다. 현재 나는 진로·취업 전문가로서 청소년부터 중장년까지 전 계층을 만나고 있다. '일자리창출 유공 정부포상'에서 국무총리상을 수상하는 영광도 얻었고, 내가 지도한 학생이 대한민국인재상 대통령상 수상자가 되는 기쁨과 보람도 느꼈다. 학생과 학부모, 진로·진학 상담교사와 대학교수, 그리고 공무원 연수까지 연간 300회 이상의 초청 강연을 소화한다. 옛날의 나로서는 상상도 할 수 없었던 하루하루를 지금 나는 살고 있다. 내가 걸어온 커리어 자체가 어떻게 보면 스펙 초월의 증거가 되고 있는 셈이다.

나는 거의 매일같이 현장에서 학생들을 만난다. 공부가 하기 싫어 빨리 학교를 떠나 어른이 되고 싶어 하는 아이들과 취업 걱정에 다시 10년 전으로 돌아가고 싶다는 청춘들의 이야기를 듣다 보면 안타까운 마음이 절로 든다.

학교를 다니는 동안 우리는 취업에 대해서 배우지 않는다. '수학의 정석'은 있어도 '취업의 교과서'는 없다. 그러나 취업은 먹고사는 법에 대한 것이다. 그런데도 그에 대한 아무 준비 없이 세상에 나와 자립을 시도한다. 예선도 없이 본선 경기장에 던져진 아이들이 달리기를 시작한다. 나는 부모도 아니면서 그런 아이들을 보면 걱정이 앞선다.

나는 어떤 선택지가 있는지도 모르는 청춘들에게, 선택지는 얼마든지 많고, 또 어떤 것이든 선택할 수 있다는 것을 알려주고 싶었다. 어떻게 하면 꿈을 찾고, 그것을 현실의 직업으로 만들 수 있는지 들려주고 싶었다. 그것이 내가 진로·취업 전문가로 일하는 이유고, 또 이 책을 쓰게 된 동기이기도 하다.

빨리 뛰는 것보다 중요한 건, 어디로 뛰는가다

단순하게 생각해보자. '내가 바라는 게 뭐지?' 잘 먹고 잘 사는 것이다. 누가 시켜서 하는 일이 아니라 내가 하고 싶은 일을 하면서 행복하게 사는 것. 사실 그게 전부 아닐까?

그런데 문제는 무엇을 해야 내가 잘 먹고 잘 살 수 있는지, 행복해질 수 있는지 모른다는 데에 있다. 많은 학생들이 졸업을 앞둔 시점에서야 마음이 복잡해진다. 열심히 공부하며 달려온 것 같은데 해놓은 것은 없고 뭐부터 시작해야 할지 막막한 현실. 꿈은 모르겠고, 취업은 해야겠고……. 일단 어떻게든 취업부터 해보자는 심정으로 여기저기 닥치는 대로 이력서를 내보지만 이게 정말 쉽지가 않다.

많은 학생들이 취업만 생각하다가 가장 중요한 걸 놓치고 있다. 취업을 못 하고 있는 게 문제가 아니다. 무엇을 하고 싶은지, 자신만의 방향을 아직 찾지 못하고 있다는 것. 부끄러운 건 사실 그것이다. 하기 싫은 게 아니라 뭘 하고 싶은지 모르는 거다.

'좋은 직장에만 들어가면, 형편없던 내 인생도 달라지겠지.' 그 생각이 얼마나 어리석은지는 취업을 해서야 피부로 느끼게 된다. 취업해도 행복하지 않은 많은 사람들이 그걸 말해준다. 내 인생을 바꿔주는 것은 학교도, 회사도 아니다. 내 인생을 바꿀 수 있는 것은 그냥 나 자신뿐이다. 그러니 강조컨대, 빨리 뛰는 것보다 중요한 것은 어디로 뛸 것인가를 결정하는 일이다. '빠른' 취업보다 중요한 것은 '바른' 취업이라는 말이다. 그러기 위해서는 바른 방향 찾기, 진로에 대한 고민이 먼저다. 생각해보라. 옷 한 벌을 사도 일주일을 고민하고 사면서 왜 진로에 대한 고민은 뒷전으로 미뤄두는가?

진짜 나를 위한 길을 찾아 나설 용기

많은 어른들이 "노력하면 안 되는 것은 없다"라고들 한다. 그러나 나는 그렇게 말하고 싶지 않다. 문제는 노력이 부족해서가 아니다. 엉뚱한 곳에서 노력하는 것, 그것이 모두를 힘들게 하는 것이다. 또 어떤 어른들은 "요즘 애들은 열정이 부족해서 문제야"라고 한다. 그러나 나는 이 역시 틀렸다고 생각한다. 열정이 부족한 게 아니라 열정을 쏟아야 할 곳을 아직 찾지 못한 것뿐이다. 동서남북 갈림길 위에 서서 어디로 가야 할지 몰라 방황하는 것이다. 누군가 나타나 이 길로 가면 성공할 수 있다고 말해준다면 그리 갈 수 있겠는데, 아무도 그렇게 말해주지 않는다. 학교를 졸업하면 알게 된다. 내 인생에 더 이상의 담임 선생님은 존재하지 않는다는 사실을. 그리고 그것이 얼마나 무섭고 외로운 일인지를.

그러니 내가 노력을 쏟을 곳을 찾아보자. 나의 인생을 찾는 데 열정을 쏟아보자. 길은 사방으로 많이 있다. 그런데 많은 학생들과 취업준비생들은 세상이 정해놓은 길만 바라보고 있다. 다른 길이 얼마든지 많다는 것을 알았으면 좋겠다. 그리고 용기를 내주었으면 좋겠다. 진짜 나를 위한 길을 찾아 나설 용기 말이다.

그때 나는 쓸모없는
불량품 같았다

'없는 살림에 대학을 갈 수 있을까?' 나는 진학이 아닌 취업을 해야 마땅한 상황이었지만, 학교 문턱에도 가보지 못한 가난한 부모와 할머니의 희망은 자식의 대학 간판 하나였다. 백만 원의 등록금도 마련하기 힘들었는데, 결국 주변의 도움으로 카드를 빌려 현금서비스를 받았다.

그렇게 들어간 대학이었는데, 나는 졸업과 동시에 백수가 됐다. 입학할 때만 해도 졸업하면 당연히 번듯한 직장에 들어갈 수 있으리라 생각했다. 그러나 나는 아르바이트와 일용직을 전전하고 있었다. 졸업장 하나, 그리고 빈칸 가득한 이력서가 스물여섯의 내가 가진 전부였다.

내일이 기대되지 않았다. 자연스럽게 욕심도 사라졌다. 죽지 않을 만큼만 벌면 됐다. 자존감은 바닥을 찍었고 휴대전화에서 친구들의 이름을 하나씩 지워갔다. 같이 어울려 다니던 친구들이 하나둘 취업했다는 소식을 전해올 때마다 나는 나락으로 떨어졌다. 그렇게 세상에 등을 돌렸다.

　나는 현실이 아닌 온라인 세상에 둥지를 틀었다. 낮에는 아르바이트로 연명하고, 밤에는 그렇게 번 돈으로 PC방에서 살았다. 나는 쓸모없는 불량품이나 다름없었다. 오로지 게임을 할 때만 멀쩡하게 작동할 뿐이었다. 현실은 시궁창이었지만 온라인 게임 속에서 나는 잠시나마 행복할 수 있었다. 어쩌면 그래서 죽지 않고 버틸 수 있었는지도 모르겠다.

나도 내 일을 찾는 날이 올까?

　가족들에게 오는 연락도 피하고만 싶었다. 나를 찾을 때는 꼭 안 좋은 일이 있을 때였다.

　"아들, 아빠가 아이를 차로 쳤어……."

　하나밖에 없는 다리로 먹고살기 위해 학원 차를 몰던 아버지였다. 결국 합의금이 없어 아버지는 징역을 살아야 했다.

　"아들, 혹시 돈 있으면 만 원이라도 지금 보내줄 수 있을까?"

　아버지와 이혼한 엄마는 시골로 내려가 노인 분들 밥을 해주며 방 한 칸 얻어 살고 있었다.

　'나도 힘든데 대체 어쩌라는 거지?' 가족들조차도 버겁고 원망스러웠다. 나는 밤새 게임을 하며 모든 걸 잊고 싶었다. 내가 짊어져야 할 고민과 걱정들, 암담하기만 한 현실에 눈을 감고 모든 걸 부정하고 있었다. 그래야 살 수 있을 것 같았다.

"우리 두환이, 공부하기 힘들지? 할머니가 돈 조금 보냈으니까 고기도 사 먹고 공부해라." 속도 모르는 소리만 하시는 할머니가 답답했다. 글도 모르는 할머니가 사람들에게 부탁해서 부쳐준 만 원, 이만 원의 돈을 찾아 나는 게임하는 데 썼다. 그래도 괜찮다고 스스로를 합리화했다. 나중에 성공해서 갚으면 된다고 생각했으니까.

그런데 시간이 흐를수록 두려워졌다. '나도 원하는 일을 찾을 수 있기는 한 걸까? 나는 성공이란 걸 영영 못할지도 모르겠다…….' 할머니를 호강시켜주겠다던 약속은 지킬 수 없는 말이 될 것 같았다.

아르바이트로 연명하는 하루살이의 삶

별다를 것 없는 무기력한 날들이 이어졌다. 그날도 아르바이트를 끝내고 PC방으로 직행해서 게임을 시작했다. 새벽 3시 50분, 전화가 걸려왔다. 그 시간에 전화를 할 사람은 할머니뿐이다. 속상한 말만 주고받을 것이 뻔해서 모른 척 받지 않았는데, 몇 번이고 울리는 벨 소리에 어쩔 수 없이 전화를 받았다.

"형, 할머니가 숨을 안 쉬어."

사촌동생이 울먹이며 말했다. 나는 그대로 얼어버렸다. 살면서 한 번도 생각해본 적 없던 일은 현실이 되어버렸다. 택시를 잡아탔다. 그런 상황에서도 택시비를 걱정하는 내가 죽도록 미웠다. 나는 택시 안에서 정신 나간 사람처럼 눈물 콧물을 쏟아냈다.

응급실에 도착했지만 할머니는 의식이 없었다. '할머니'라고 부르는 내 목소리를 들었는지, 감고 있는 할머니의 눈에서 눈물이 흘러내렸다. 새벽 6시 1분, 할머니가 죽었다. 그리고 그때, 나도 죽은 거나 다름없었다.

내게는 할머니가 부모였다. 장애를 가진 부모님을 대신해 할머니가 나를 길러주셨다. 기초생활수급자로 살며 대학 다닐 때까지 뒷바라지를 했으니 할머니는 내게 줄 수 있는 모든 것을 주고 가셨다. "우리 집안에서 처음으로 대학 간 손자 놈, 정장 입고 출근하는 모습 보는 게 소원"이라고 할머니는 늘 말씀하시곤 했다. 그런데 나는 그 약속을 지키지 못했다. 대학에 가면 없던 꿈도 생기고 취업도 저절로 될 줄 알았는데, 나는 아르바이트로 연명하며 살아가는 하루살이가 됐을 뿐이었다.

어렸을 때 나는 내가 성공할 거라고 믿었다. 언젠가 반드시 그런 날이 올 거라고 믿었다. 그때가 되면 할머니 모시고 멋진 집을 지어 행복하게 살겠다고 다짐했다. 그러나 현실은 냉혹했다. 기초생활수급자, 전공 부적응자, F학점으로 도배된 성적표, 흔한 운전면허 자격증 하나도 없는 지방대 졸업생, 생계곤란 군면제자. 이게 세상이 보는 나였다. 세상이 나를 하자 있는 물건으로 보고 자꾸 밀쳐내는 것만 같았다. 나는 계속 실패했고 계속 작아졌다.

언제까지
이렇게 살 거야?

영화 〈비긴 어게인〉에는 이런 제목의 노래가 나온다. 'Lost Stars, 길 잃은 별들.' 세상에는 길을 잃은 별이 정말 많다. 반짝여야 할 청춘들. 그들이 상처받고 방황하는 걸 보면 나는 아프고 안타깝다. 나도 그랬기 때문이다.

불공평한 세상, 불리한 환경, 다 인정하고 살았다. 장애를 가진 부모도, 기초생활수급자로 살아야 했던 삶도 감당할 수 있었다. 내가 원한 게 아니었으니까, 주어진 삶이었으니까, 내 잘못이 아니었으니까. 하지만 내게는 희망이었고 전부였던 할머니가 돌아가셨을 때, 모든 게 무너져버렸다.

나는 나 자신을 용서할 수 없었다. 살 이유를 찾지 못해 방황하며 길 위에서 잠을 잔 적도 여러 날이었고, 몇 번이나 삶을 포기하려고도 했다. 정말 죽고 싶은 마음이었다.

아니다. 사실은 죽을 만큼 제대로 살고 싶었다. 할머니 소원처럼 정장 입고 출근하는 할머니의 자랑이 되고 싶었다. '언제까지 이렇게 살 거야?' 속절없이 눈물이 났다. 펑펑 울었다. 그리고 이제는 정말 달라져야겠다고 생각했다.

문제는 뭘 해야 하는지조차 모르는 것이다

나는 닥치는 대로 입사지원서를 냈다. 그러나 단 한 번의 서류 통과도 경험하지 못했다. 합격할 것 같은 회사마다 업종 직무 가리지 않고 이력서를 쓰고 서류전형에서 탈락하던 어느 날, 서러움에 사무쳐 눈물이 났다. 한참을 울다 문득 이런 생각이 들었다.

"나는 뭘 하고 싶은 거지?"

돌이켜보면 그 순간이 내가 진지하게 진로를 고민했던 첫 순간이었으리라. 그 시절 나의 목표는 그냥 취업이었다. 내가 뭘 하고 싶은지, 뭘 잘할 수 있는지는 배부른 소리였다. 가난에서 벗어나기 위해 일하고 싶었고 돈을 벌고 싶었다. 그런데 그때, 처음부터 뭔가 잘못됐다는 생각이 들었다. 내가 하고 싶은 일과 할 수 있는 일을 고민하기 시작하면서부터 오히려 나는 아무것도 할 수 없었다. 손에는 초라한 성적표와 제대로 된 스펙 한 줄 없는 이력서 한 장뿐인데, 구체적인 목표조차 없다는 것을 깨달은 뒤에는 어디든 취업하겠다는 의지마저 꺾였다.

나는 말을 잘 듣는 학생이었다. 공부를 하라고 하면 공부했고, 하지 말라는 것은 안 했다. 전공이나 대학을 정할 때도 마찬가지였다. 평생 내 인생을 책임질 진로를 스스로 찾는 것은 정해진 시간표와 담임 선생님, 지도 교수님이 없는 야생에 홀로 내던져진 것과 같았다. 시간은 흘러만 갔다. 마냥 손을 놓을 수는 없으니 성공한 사람들의 책을 닥치는 대로 읽었다. 대기업에 갔다는 모 친구들의 소식을 듣고 무작정 대기업 취업 방법을 찾아보기도 했다.

그러던 어느 날, 쌀을 받으러 간 동사무소에서 취업지원 프로그램을 소개받았다. 경기청년뉴딜. 취업에 대해 교육과 상담을 해주는데, 참가비도 준다고 했다. 처음엔 큰 관심을 갖지 않았다. 솔직히 돈 받으려고 신청서를 작성했고 기대 없이 프로그램에 참여했다.

"두환 씨는 잘할 수 있어요. 열심히 살아왔잖아요. 다시 뜁시다. 제가 도와줄게요."

의심만 품고 시작한 첫 상담에서 나도 모르게 눈물이 터졌다. 정말 오랜만에 들었던 칭찬과 위로였다. 혼자 고민하던 시간이 생각나 한 시간 내내 울다가 돌아왔다. 학교에서는 배워본 적 없는 '먹고사는 법을 이야기하는 사람들', 커리어 컨설턴트라고 했다. 그들처럼 살고 싶었다. 아무것도 가진 것 없던 내가, 하고 싶은 일이 생긴 것이다. 심장이 두근거렸다.

사람은 저마다의 필살기가 있다고 했다. 그 필살기만 찾으면 조금 늦게 시작해도 따라잡을 수 있다는 말에 희망을 가졌다. 그리고 상담 끝에 커리어 컨설턴트라는 직업이 내 적성과 흥미에 맞는다는 이야기를 들었다. 희망은 확신이 되었다. 마치 태어나서 처음으로 축구를 해야 하는 상황에서 '잘할 수 있을까' 고민하던 내게 아버지가 지나가며 "아빠가 왕년에

국가대표 축구선수였다"라고 말하는 기분이었다.

꿈은 생겼지만 현실로 만드는 일은 생각만큼 쉽지 않았다. 같이 교육을 받는 사람들은 물론이고 강의를 하러 오신 선생님들까지 '네 이력으론 안 된다'며 만류했고 빠른 취업을 권유했다. 처음 생긴 목표를 쉽게 포기할 수는 없었다. 매일같이 커리어 컨설턴트가 되고 싶다 말했고, 혹시 관련된 작은 일이라도 얻고 싶어 모든 일이든 나서서 지원했다. 학교 다닐 때도 먼저 들어본 적 없는 손을 번쩍 들어 교육생들의 반장이 되었다. 결국 작은 기회가 주어졌다. 커리어 컨설턴트는 될 수 없었지만 그들이 근무하는 공간에서 사무보조를 할 수 있는 자리가 생긴 것이다. 나는 경기청년뉴딜 프로그램에서 지원하는 인턴지원금을 통해 취업 교육 회사에 인턴으로 선발되었다.

사무 업무를 지원하고 텔레마케팅으로 교육생을 모집, 관리하는 일이 주어졌다. 그게 나의 첫 시작이었다. 여전히 주변에서는 '그 일을 얼마나 하겠어? 복사만 하다 제대로 취업하는 시기만 놓친다'는 우려 섞인 목소리들이 들려왔지만 나는 더 이상 흔들리지 않았다.

긴 시간 진로를 고민해봤기에 누구보다 잘 알고 있었다. 불가능을 가능으로 만드는 것보다 어려운 것은 어디로 가야 하는지 모르는 채 달리는 것이다. 그것만큼 괴로운 것은 없다. 목적지가 정해지니까 무엇을 해야 할지 보였다. 가는 길이 험하더라도 그 목적지에 도달만 하면 되는 것이니 상관없었다. 무엇보다 무작정 달려든 것이 아니었다. 상담을 받으며 내가 이 일에 맞는 사람이고, 가능성이 있다는 확신을 얻었기 때문이다. 부족한 스펙은 쌓으면 된다고 생각했다. 그들과 같은 곳에서 일할 수 있다는 사실 하나로도 나는 행복했다.

커리어 컨설턴트라는 목표도 정했고, 그들이 있는 곳에 발을 딛는 기회도 얻었다. 그러나 의지와 달리 내 이력과 경험은 초라했다. 전공 불일치에 교육과 관련된 경력조차 전무했다. 더군다나 정규직이 아닌 3개월간 임시 인턴직으로 채용된 것이라 이번 인턴 기간에 나를 제대로 보여주는 것이 무엇보다 중요했다. 목표를 이룰 수 있는 처음이자 마지막 기회라는 생각이 들자 절실해졌다. 그러나 절실함이 모든 것을 해결해주지는 않는다. 의지는 타올라도 현실은 냉혹했다. 교육 회사에서 교육의 '교' 자도 모르는, 형식상 뽑은 인턴에게 회사 선배들이 나누는 대화와 용어는 외계어와 다를 바 없었다.

첫 업무는 회사에 걸려오는 전화를 담당자에게 넘겨주는 일이었는데, 이조차 쉽지 않았다. "안녕하십니까, ○○기업 금두환입니다." 이 짧은 인사를 하는 것도 왠지 부끄럽기만 했다. 전화를 끊고 나서는 누구에게 전화가 왔는지조차 확인하지 않는 실수가 다반사였다. 사람들 앞에서 혼나는 일이 일상이 되고 전화벨 소리만 울려도 깜짝 놀라 배 아픈 척 화장실로 도망치기도 했다. 아는 것이 없는 내게 이렇다 할 일은 아무도 시키지 않았다. 회사 내에서 나는 버려진 인턴이었다. 누구라도 나 대신에 그 일을 대체할 수 있는, 나는 그냥 인턴 나부랭이였다.

어떻게든 문을 뚫고 들어가면 할 수 있는 일이 주어질 것이고, 못하는 것은 배울 수 있을 것이라 생각했는데 예상과 전혀 다른 사회생활에 마음이 흔들렸다. 모두의 외면 속에 공포의 전화만 받다가 퇴근 후 고시원으로 걸어가는 발걸음은 매일 무겁기만 했다. 걸으며 내내 생각했다. '나는 컨설턴트가 되고 싶은데 왜 아무 일도 안 시키는 거지?' 결국 불만은 가슴에서 쏟아져 입 밖으로 뱉어지고 말았다. 선배들은 나를 이해해주리라 믿었는데 어느새 고마움도 모르는, 그리고 아무것도 모르는 건방진 인턴사원이 되어 있었다.

"회사가 왜 네게 일을 가르쳐줘야 하지?"

선배가 물었다. 필요해서 뽑은 게 아니라 지원금 때문에 뽑은, 어차피 곧 나갈 인턴에게 업무를 진지하게 가르쳐줄 사수는 없었다. 회사는 학교가 아니다. 난 회사가 원했던 사람이 아니다. 회사는 경제적 비용을 지불하면서 계속 날 데리고 있을 이유가 없다. 나는 몰랐다. 보이지 않는 나의 열정과 노력을 그들이 인정해줄 것이라 착각했다. 나는 고시원으로 향하던 발걸음을 돌려 다시 회사로 달렸다.

'경력도 이력도 없지만, 회사가 나를 붙잡을 이유를 만들어야 해, 3개월 안에.'

스스로 만든 변화 그리고 기회

"이제 다 알겠죠?"

학창 시절, 잠깐 조는 사이 칠판에는 이해할 수 없는 무언가가 잔뜩 적혀 있지만 우리는 아무 생각 없이 "네" 하고 대답한다. 그래야 수업이 끝난다는 것을 아니까. 몰라도 알아야 했다.

직장생활도 그리하면 될 줄 알았다. 그러나 그게 아니었다. 모르면 모른다고 할 수 있어야 했다. 얼마를 받든 돈을 받는 순간 나는 프로이며 일에 책임을 져야 했다. 나는 선배들에게 묻고 또 물었다. 귀찮아서 내는 짜증을 견디는 것이 실수해서 져야 하는 책임보다는 가벼웠다.

"저, 어떻게 하면 되나요?"

"뭐부터 준비하면 될까요?"

모든 사람이 다 받아준 것은 아니지만 고시원에 살며 바둥거리는 인턴을 가엾게 여기는 선배들도 있었다. 그날부터 회사에 남아 사수가 메일로 대신 전달하라 넘겨준 각종 사업제안서와 보고서를 정독하기도 하고, 무작정 옮겨 써보기도 했다. 모르는 단어는 검색을 하며 달달 외웠고, 관련된 이론이나 학자의 이름을 발견할 때마다 메모했다가 퇴근 후 공부했다. 전화를 받는 목소리도 연습해보곤 했다. 보통은 대학에서 기초적인 전공지식과 실습으로 직무 역량을 쌓고 취직을 하지만 난 반대였던 셈이다.

밤을 새다시피 보냈던 한 달이 지나자 사수의 전문용어나 업무 지시는 알아듣고 처리하는 것이 가능해졌다. 어느새 내 업무는 전화 응대와 복사 업무에서 사업제안서 수정과 보고서 등 행정 지원 업무로 늘어났다. 그러고 나니 회사가 무엇으로 먹고사는지 알게 되었고, 회사생활이 회사와 나의 '갑을' 관계가 아닌 '갑을병정'의 구조라는 것도 깨달았다. 취업교육 특성상 개인이 돈을 지불하는 것이라 '갑'이라고 할 수 있는 정부와 지자체가 '을'이라고 할 수 있는 대학 및 기관에 사업비를 내려주고, 그것을 '병'의 위치에 있는 취업 교육 업체들이 위탁받아 '정'의 위치에 있는 커리어 컨설턴트에게 비용을 주고 교육을 진행하는 상황이었다. 회사 내에서의 인정도 중요했으나 우리에게 사업을 주는 '갑'에게 인정을 받아야 했다. 그러면 저절로 을과 병, 그리고 정은 나를 인정해줄 것이라는 생각이 들었다. 도청 주사(공무원의 직급)에게 업무를 보고하는 일은 야근보다 힘든 두려움이었지만, 어쩌면 그게 더할 나위 없는 소중한 기회가 될 수도 있겠다고 생각했다.

그즈음 회사에서 나의 입지는 귀찮은 인턴에서, 자잘한 일을 맡겨놓으면 중간은 하는 인턴으로 바뀌어 있었다. 나는 매일같이 자발적으로 야근을 했다. 가진 것은 시간뿐이고 고시원보다 회사가 안락한 데다 야근을 하면 밥까지 주니 오히려 좋았다. 노력하는 내 모습을 인정해주고 칭찬해주는 사수들도 조금씩 늘어났다. 그러나 그건 그저 인간적인 시선이었다. 3개월 인턴 기간이 끝난 후에도 회사가 매달 내게 새로운 돈을 지불할 수 있을 만큼 된다는 것은 차원이 다른 문제였다. 단순히 귀찮은 일을 잘 해결한다는 이유로 계획에 없는 채용을 진행할 리 만무하지 않은가?

그런데 기회는 생각보다 빨리 왔다. 정부사업은 사업 중간보고 또는 정산 시에 결과보고서를 작성하여 보고회를 여는데, 일반적으로는 써 있는 보고서를 읽고 마무리하고 끝나는 시간이었다. 나 역시 처음에는 주어진 데이터를 정리하고 숫자가 틀리지 않는 것에만 집중했다. 그런데 회의 시간에 한 선생님이 지나가는 말로 "우리가 교육했던 모습을 영상으로 만들어 보여주면 그 감동이 몇 배가 될 텐데"라고 했고, 나는 그 말을 흘려듣지 않고 보고서와 함께 교육 영상을 만들어 제출했다. 신문방송학과 출신이라서 영상 편집은 수월했다.

그런데 생각하지 못했던 결과가 나왔다. 교육 준비 과정부터 교육 현장과 학생들의 반응을 영상으로 담아 편집한 영상 보고서는 반응이 뜨거웠다. 영상은 상부에 보고하기에도, 외부에 교육을 홍보하기에도 매우 적합했다. 이게 무슨 도움이 될까 싶었던 영상 만드는 잔재주 하나가, 내 인생의 실수라 생각했던 '전공 선택'이 그렇게 나를 살렸다. 그 영상은 경기도 청년뉴딜 프로그램을 홍보하는 영상으로 경기도 전 지역 박람회에 상영되었고, 해당 내용은 신문에도 보도되었다.

"엄마, 나 정규직이래."

그날을 기억한다. 3개월의 인턴 기간이 얼마 남지 않았던 어느 날, 상부에서 연락이 왔다. 내세울 스펙 하나 없던 나는 결국 정규직으로 채용이 됐다. 무엇을 해야 할지 몰라 빈약한 이력서를 들고 엉엉 울며 취업 상담을 받은 지 1년 만이었다. 꼭 1년 만에 거리를 헤매던 가난한 취업준비생은 관련 경력이 전무했던 업계에서 가능성을 인정받는 신입사원이 되었다.

'Lost Stars, 길 잃은 별들.' 이 노래 가사 중에는 이런 구절이 있다. "신이시여, 청춘이 청춘을 낭비하는 까닭을 말해주세요(God, tell us the reason youth is wasted on the young)." 나도 한때는 청춘을 낭비했던 청춘 중 하나였다. 백수가 적성이 아닐까 싶던, 잘 지낸다는 거짓말이 내가 할 수 있는 유일한 효도였던 때가 있었다. 그때는 나도 무엇도 기대되지 않았고, 아무도 내게 기대하지 않았다. 나조차도 말이다. 그리고 지금은 그때의 나와 닮은 청춘들을 만난다.

그 시절의 나는 몰랐지만, 지금의 나는 알게 된 것들이 있다. 진부한 말이긴 하지만, 지나오고 나서야 깨닫게 되는 것들이 있다는 것을 말이다. 하기 싫은 일에는 핑계가 보이고, 하고 싶은 일에는 방법이 보이는 법이

다. 삶은 결국 생각하는 만큼, 용기를 내는 만큼, 경험하는 만큼 달라진
다. 비긴 어게인(Begin again), 뭐든 다시 시작할 수 있다면 말이다.

노력하면
성공할 수 있을까?

정직원이 된 후, 나는 밤낮없이 일에 매달렸다. 일을 잘한다는 소문이 회사 밖으로 퍼지기 시작했다. 이후 여러 학교와 업체에서 스카우트 요청을 받았고, 결국 나는 대학을 선택해 교직원으로 이직했다. 그곳에서 취업 교육 담당자로 일자리 창출 공로를 인정받아 국무총리상도 수상했다. 그 후로도 계속 성장을 이어간 나는 대학교의 겸임교수가 되고 취업 교육 회사를 직접 창업하기도 했다. 국비 지원의 취업 교육을 받던 가난한 학생에서 전문가로 성장하는 데 걸린 시간은 7년이었다. 이미 실패한 인생이라 생각했던 스무 살이 인턴으로 입사하기까지 걸린 시간이 6년이었는데, 아무 이력도 없던 한 청년이 업계에서 자신의 이름을 걸고 살기까지 단 7년이 걸린 셈이다.

단순히 '노력해서 성공한 이야기'를 말하려는 것이 아니다. 무작정 노력하면 취업에 성공할 수 있고 원하는 바를 이룰 수 있다는 단순한 이야기는 사실 드라마일 뿐이다. 경력도 없는 한 청년이 특정 업계에서 빠른 시간 내에 성공했다는 이야기 속에는 사실 냉혹하고 치열한 과정이 존재한다.

도망치고 싶을 만큼 과중한 업무에 시달렸다. 잠은 늘 부족했고 끼니도 제대로 챙겨먹지 못하는 날이 많았다. '취업하고 열심히 노력해서 성공해야지'라는 단순한 의지나 마음으로 이뤄낼 수 없는 시간이었다. 나보다 훌륭한 이력의 경쟁자도 많았고, 부족한 자질 탓에 매 순간 주변의 반대와 손가락질이 계속됐다. 스펙을 초월해 대기업에 취업시킬 수 있다는 말은 아무도 믿어주지 않았고, 내게 상담받는 학생들조차 확신이 없었다. 돌아보면 그 시기에 내 인생은 없었다. 퇴근 후에도, 주말에도 깨어 있는 모든 시간을 반납해 새벽부터 잠이 들기 전까지 학생 상담을 진행했고, 스펙 초월 채용의 단서를 얻기 위해 기업 인사담당자에게 만남을 구걸했다.

그렇게까지 하면서 내가 버텼던 이유는 단 하나였다. 내게 그런 자질이나 능력이 있어서가 아니었다. 나는 그 일이 재미있었다. 그러니까 재미, 실은 그게 내 성공의 비결이었다.

노력이 부족한 것이 아닐지도 모른다

"저는 왜 취업이 안 될까요?"
"도대체 뭐가 문제일까요?"
나를 찾아오는 취업준비생들이 하나같이 토로하는 고민들이다. 겸손이 미덕이라 배워서인지 많은 학생이 문제에 부딪히면 가장 먼저 하는 게 자책이다. '내 능력이 이것밖에 안 돼서 그래.' '내 노력이 부족했던 거야.' 정말 그럴까? 거시적으로 보자면 경제 불황과 국내 주력산업의 저성장 국면 진입 등 외부 요인도 있을 수 있겠다. 그러나 그런 이야기는 잠시 뒤로 하고, 취업을 준비하는 우리의 모습만 바라보자.

나를 찾아오는 대부분의 학생들은 대개 열심히 노력한다. 해를 거듭할수록 만나는 학생들의 스펙이 높아진다. 내가 학교를 다닐 때만 해도 생소했던 취업 교육은 이제 대학마다 쉽게 찾아볼 수 있다. 전문 강사보다도 특정 기업의 채용 방식과 변화를 더 잘 외우고 있는 학생도 많다. 그럼 정말 도대체 뭐가 문제일까?

우리는 모두 같은 고민을 하고 있다

다양한 문제로 찾아오는 학생들의 고민을 취합하다 보면 결국 대부분의 주제는 하나로 귀결된다. 쟁쟁한 스펙으로 가득 찬 이력서를 들고 당당하게 찾아와 "제 생각엔 이 기업은 이렇고 저 회사는 저래서요. 저는 이 회사보다 저 회사가 비전이 있다고 생각하는데⋯⋯"라고 말하는 학생도, 무작정 찾아와 상담이 시작되면 눈물부터 흘리는 학생도 시간의 차이일 뿐 결국에는 모두 같은 말을 하게 된다.

처음에는 특정 기업에 가고 싶은 방법을 알고 싶어 찾아온다. 그런데 상담이 진행되면 진행될수록 방법 대신에 어디로 가야 할지 묻는다. 주변의 친구들이 하나둘씩 취업에 성공하고, 각자 제 길을 찾아가는 것을 바라보며 초조해진다. 나를 찾아오는 학생들은 초조한 마음에 성급히 취업을 희망하는 경우가 많다. 이런 친구들을 만날 때마다 나는 정신없이 이력서를 써 내던 예전의 나를 보는 것 같다.

또는 아무것도 하지 않아 주변의 권유로 상담에 온 친구도 많이 만난다. 스펙이 가득한데 엉엉 우는 유형과 달리 이 친구들의 특징은 의욕이 없다는 것이다. 등 떠밀려 취업은 해야겠는데, 방향을 잃은 지 오래라 흔한 토익 성적조차 없는 경우가 많다. 외부에서 이런 학생을 바라볼 때 오해하기 쉽다. 그런 친구들이 취업을 못 하는 이유는 오롯이 노력이 부족했기 때문이라 여긴다. 아니다. 스펙이 많은데 엉엉 우는 학생과 아무 스펙도 없이 무기력한 얼굴로 찾아온 학생은 사실 같은 이유로 취업과 진로에 어려움을 겪고 있다.

"솔직히 뭘 해야 할지 모르겠어요."

한 명은 무작정 스펙을 쌓고 남들이 좋다는 곳으로 달려간다. 한 명은 뭘 해야 할지 모르니 손을 놓고 현실에서 도피하는 방법을 택한다. 사실 우리는 모두 다른 모습으로 다른 이력서를 손에 쥐고 같은 고민을 하고 있는 것이다.

지금, 멈추고
다시 생각할 때

10대와 20대 때에는 남들보다 빨리 좋은 대학에 들어가고, 남들보다 빠르게 취업하는 것으로 위안을 삼는 것이 가능하다. 그것이 내가 원하던 길이든, 내가 원하지 않던 길이든 상관없이 일반적으로 사람들이 말하는 '평균의 삶'에 들어왔다는 안도감은 생각보다 큰 위로가 된다.

하루라도 시간이 아까운 20대에게 취업의 방법이 아니라 방향을 잡는 방법에 대해 이야기하는 것이 옳은 일인가 고민하던 때가 있었다. 돌아보면 20대는 정말 어린 나이인데, 정작 취업을 준비하는 청년들에겐 그렇지 않다. 부모님의 기대감을 하루라도 빨리 충족시켜드리기 위해, 친구들에게 부끄럽지 않기 위해 달려가야만 한다는 압박감만 가득하다. 그래서 하루하루가 너무 늦은 것처럼 느껴진다. 또 누군가는 구직이 아니라 진로 고민을 앞세우면 배부른 소리로 치부하지 않는가?

그러나 구직기에 진로 탐색을 거치지 못한 채 사회에 뛰어든 많은 사람은 오늘도 이런 생각을 하며 출근한다. '내가 이 일에 맞는 사람일까? 앞으로도 잘할 수 있을까? 난 앞으로 뭘 하며 살아야 하는가?' 그리고 내일도 가슴속 깊은 곳에 사표를 품고 똑같은 고민을 이어갈 것이 분명하다.

진로를 결정하기에 지금이 가장 적기다

진로를 고민하기에 20대는 절대 늦은 나이가 아니다. 물론 진로 고민은 빠르면 빠를수록 좋다. 그러나 우리 사회에서 취업에 앞서 진로를 이야기한 것은 불과 얼마 되지 않는다. 어떤 회사가 연봉을 많이 주는지, 복지가 좋은지, 누구나 한 번쯤 들어본 회사의 이름인지, 부러워하는 직업인지가 더 중요하게 여겨졌다.

그렇게 서둘러 취업한 청년들이 시간이 흘러 중년이 된다. 그런데 취업에도 적절한 시기라는 것이 존재한다. 20대에는 구직에 실패하거나 아니면 회사를 다니다 그만두고 나서 홀쩍 해외여행을 떠나도 다시 사회로 복귀하는 것이 그나마 가능하다. 그런데 30대 이후엔 이야기가 달라진다. 진로 고민 없이 취업한 학생들의 사례를 보면 대부분 대리 직함을 다는 30대 진입 구간에서 고비가 찾아온다.

'지금 하는 일을 계속해도 될까?'

어렵게 취업했는데 이직을 하자니 지금 하는 일이 싫은 건데 회사를 옮긴다고 달라질까 고민되고, 모든 것을 다시 시작해야 하는 전직의 길은

멀고도 험해 보인다. 버틸 수 없다는 생각이 들 때마다 용기를 내 구직 사이트를 다시 접속하는 시기다. 아쉽게도 실수는 반복된다. 구직 절차를 보는 순간 마음을 접게 된다.

그렇게 원하지 않는 직장에서 월급날만 기다리며 40대가 된다. 40대에 진로를 찾아 떠난다는 것은 생각보다 더 많은 용기를 필요로 한다. 30대 중반 전까지는 이직과 전직을 설계할 때 대체로 수입이 없어질 그 기간 동안 나만 걱정하면 그만이다. 그러나 30대 후반부터 40대부터는 내 가족의 생계가 달린다. 나이를 먹을수록 진로를 찾는다는 것은 더 어려워진다. 더 많은 현실적인 조건들을 고려해야 하기 때문에 그만두고 싶어도 그만둘 수 없다. 더 많은 시간과 어려움을 견디고 인내해야 한다. 그렇게 은퇴 시점이 다가온다. 처음엔 조급해서, 그다음엔 지금이 더 편한 것 같아서, 그다음엔 현실적인 문제로 평생 원하지 않는 일을 하며 생애를 보낸다.

자, 돌아가보자. 20대로 돌아가서 첫 직장을 정할 때, 반년 혹은 1년 늦게 시작하더라도 나의 마음속 이야기에 조금 더 귀를 기울였다면 어땠을까? 아직도 진로를 이야기하기엔 너무 늦었다고 생각하는가? 머뭇거리지 말라. 바로 지금이 당신의 진로를 고민하기에 적기다.

게임도 규칙을 알아야 잘한다

취업을 게임이라고 생각해보자. 게임을 잘하려면 먼저 무엇을 해야 할까? 매뉴얼을 읽어야 한다. 게임의 규칙을 이해하고 전략을 짜야 한다. 그런데 사실 게임을 할 때 설명서부터 꼼꼼히 읽고 시작하는 사람은 거의 없다. 일단 해본다. 이것저것 눌러 보고, 하면서 배운다. 하다 보면 알게 되고, 계속 하다 보면 실력도 는다.

사실 일이라는 것도 그렇다. 하다 보면 언젠가 실력이 는다. 그런데 다른 점이 있다. 게임은 내가 돈을 내고 원하는 것을 선택하는 것이지만, 취업이라는 게임은 내가 돈을 받아야 하기에 선택받아야 한다. 게임은 하다가 재미없으면 그만두고 지워버릴 수 있지만, 취업이라는 게임은 그러기가 쉽지 않다. 한번 선택하면 모든 것은 경력이 되고 기록으로 남는다. 그러니 신중해야 한다. 매뉴얼을 꼼꼼하게 읽고 시작해야 하는 이유다.

학교와 학원에서 배운 것은 정답이 있었다. 그런데 취업에는 정답이라는 게 없다. 누군가에게는 최고의 직업이 다른 누군가에게는 최악의 직업이 될 수도 있기 때문이다. 하지만 분명한 것은, 정답은 없어도 최선은 있다는 사실이다. 그래서 우리는 정답을 찾아 헤매는 것이 아니라 매 순간 최선의 선택을 하며 단계를 밟아가야 한다. 그리고 무엇보다, 선택에 앞서 이게 무슨 게임인지 알아야 한다. 왜 이렇게 어려운 건지, 어떤 문제가 있는 것인지를 말이다.

그럼 이제 시작해보자. 당신은 왜 취업을 해야 하는가? 그 일, 정말 하고 싶은가?

Part 2 탈스펙 시대, 왜 여전히 실패는 계속될까?

: 대한민국 현실이 가르쳐주는 것들

무엇을 하고 싶어요?

솔직히, 하고 싶은게 없죠?

걱정하는 게 정상이다

걱정해야 문제를 풀 수 있다

근육을 만들려면 먼저

근육이 찢어져야 하는 것처럼 말이다

대학에만 가면
행복할 줄 알았다

하루는 강연이 끝나고 다음 강연장으로 이동하기 위해 부랴부랴 주차장으로 향하는데 한 학생이 나를 따라오며 어렵게 말을 걸었다. 나중에 더 물어보고 싶은 게 있다고, 명함이라도 꼭 받고 싶다는 거였다. 얼마나 간절한 마음일지 알기에 그냥 갈 수가 없어 선 채로 시작된 대화는 결국 쉽게 끊을 수 없는 상담이 된다.

'무엇을 하고 싶어요?'라고 묻는 내 질문에 학생은 자신의 가족사부터 최근의 근황까지 이야기를 꺼내더니 이내 눈가에 눈물이 가득하다.

"솔직히, 뭘 하고 싶은지 모르겠죠?"

"네……."

결국 나는 정곡을 찌르고야 만다. '아프니까 청춘'이라고 하는데, 아니다. 아픈 것을 아프다고 말할 수 있어야 청춘이고, 모르는 것을 모른다고 할 수 있어야 청춘이다. 틀리니까, 모르니까 학생인 것이다. 그러니 괜찮은 척, 아는 척, 할 수 있는 척, 그렇게 척척박사 노릇은 그만해도 된다. 나를 찾아와 말을 걸 수 있는 용기를 냈다는 것, 그것만 해도 사실은 변화와 성장의 시작이다.

그 학생은 대학교 1학년이라고 했다. 2학년부터는 성적에 따라 전공이 나뉘는데, 아르바이트를 하며 공부하는 게 쉽지 않아 걱정이 많았다. 어느 학과에 가야 할지 모르겠고, 그냥 남들처럼 가야 하는 건지, 부담과 두려움만 앞서 있었다. 대학 입시라는 터널을 불과 얼마 전에 끝마친, 자유로운 대학생활을 실컷 누리기에도 모자랄 대학교 1학년이 고등학교 4학년이 되어 내일을 걱정하고 있었다.

'대2병'을 거쳐 '사망년'을 낳는 대학

"대학에만 가면, 너 하고 싶은 거 다 해도 되니까 조금만 참아."
부모님들이 고3 자녀들에게 자주 하는 말이다. 많은 고등학생이 부모님의 이 말과 같은 마음으로 입시 지옥을 버틴다. 좋은 대학에만 갈 수 있으면, 취업도 미래도 모두 보장받을 수 있을 것 같다. 그런 희망으로 앞만 보며 달린다. 어디로 가는지, 왜 가는지도 모르지만 대학에만 가면 없던 꿈도 생길지 모른다며 스스로를 위로한다. 그러나 그 기대는 금방 산산조각이 나고 만다. 없던 꿈이 대학에 간다고 생길 리 만무하다. 10대에는 좋은 대학을 위해 달렸다면, 대학은 취업으로 목표만 바뀌었을 뿐 모든 게 똑같다.

진로 결정을 하지 못한 친구들에게 대학은 마지막으로 꿈을 정할 유예 기간이 주어지는 것과 같다. 그러나 그 시간은 고등학교 때보다 더 허무하고 의욕 없이 지나간다.

새 학기가 시작되면 강단 위에서 학생들 표정만 봐도 누가 신입생이고 누가 고학년인지 알 수 있다. 바람만 불어도 웃음이 날 것처럼 희망과 기대감으로 눈이 반짝거린다면, 신입생이다. 그러나 2학년부터는 다르다. 모든 것을 다 안다는 표정으로 세상 고민을 다 품고 있는 것만 같다. 대학은 자유와 낭만의 캠퍼스가 아니라 취업으로 가기 위한 정거장이란 현실을 깨닫게 되기 때문이다.

강의 시간에 토익 책과 공무원 수험서가 펼쳐지는 풍경은 이제 어색하지도 않다. 때로는 대놓고 문제집을 푼다. 신입생 눈에는 교양과목을 함께 수강하는 선배들이 공룡처럼 느껴지겠지만, 조금만 시간이 지나면 그 공룡이 바로 1, 2년 후 자신의 모습이 되리라는 걸 직감하게 된다. 더 슬픈 것은 자기 스스로도 무엇을 위해 토익 책을 붙잡고 있는지조차 모른다는 것이다. 시험과목을 공부하는 것처럼 남들이 하니까 일단 시작할 뿐이다. 직무별로 토익 성적보다 우선시하는 자격이 각기 다르다. 그걸 학생들도 잘 안다. 그럼에도 직무 역량 대신 토익만 잡고 있는 것은 지푸라기라도 잡는 심정일 것이다.

자신감이 폭발하던 '중2병'은 지나와도, 자신감이 바닥을 치는 '대2병'은 감당하기 어렵다고들 한다. '대2병'이라는 자조가 괜히 나온 게 아니다. 대학에는 진학했지만 앞으로 자신이 무엇을 하고 살아야 되는지 해답을 얻지 못한 학생들은 적성과 상관없이 취업이 잘되는 학과를 위해 또다시 성적 경쟁에 내몰린다. 그러다 보니 자신의 전공에 대해서도 미래에 대해서도 회의적이고, 허무함과 우울감만 커지는 것이다.

그러나 무엇이 잘못됐는지 고민할 여유도 없다. 또다시 쉼 없는 달리기가 이어진다. 누구를 원망할 수도 없다. 대학에만 가면 된다고 했던 부모님도 정말 그렇게 믿었을 것이다. 대학만 보내면 우리 아이도 행복하게 인생을 시작할 수 있을 거라고 생각했을 것이다. 그래서 힘들어도 학원비 대주며 고생했을 것이다. 부모님의 그런 마음을 알기에 아이들도 쉽게 포기할 수가 없다.

'대2병'을 거치고 3학년이 되었다. 이들을 뭐라고 부르는지 아는가? 발음 그대로 '사망년', 그러니까 사망을 앞둔 시기라는 말이다. 이게 '웃픈' 현실이다. 막 대학에 입학할 때만 해도 '나는 대기업에 갈 수 있다'고 자신만만했는데 선배들 모습을 보면서 점점 현실을 자각하게 된다. 그 당당하던 포부는 사라지고, 중소기업이라도 졸업 전에만 취업할 수 있으면 더 바랄 것이 없어진다.

빨리 떠나고 싶은 학교이건만, 취업을 못 하면 쉽게 떠나지도 못한다. 학교에 적을 두고 있어야 그나마 취업에 유리할 것 같아 졸업유예 신청을 한다. 갚아야 할 학자금 대출금을 생각하면 숨이 막히지만 그래도 '취업하면 나아지겠지' 하며 또 다른 희망을 품는다. 그러나 아무것도 모르고 들어온 대학에서도 행복하지 않았는데, 아무것도 정하지 못하고 달려든 취업에서 행복을 찾을 수 있을까?

'적성'이 아니라 '성적'을 따라간 선택의 종착점

"솔직히 대학 교육이 취업에 무슨 도움이 되는지도 모르겠고, 적성에 맞지 않는 전공을 왜 4년씩이나 붙들고 있었는지 후회가 돼요."

졸업을 앞둔 학생이 찾아와 토로하는 솔직한 심정이다. 자신의 꿈을 좇아 전공을 선택해 대학에 왔다면 무슨 걱정이 있겠는가. 그러나 대부분의 학생이 그렇지 못하다. 적성이 아니라 성적에 따라 대학에 진학했기 때문에 10명 중 7명이 전공 선택을 후회하는 상황이 발생하는 것이다.

실제로 한국직업능력개발원이 조사한 바에 따르면, 전체 응답자의 72.7%가 자신의 전공 선택을 후회한다고 했다. 그 이유를 살펴보면 더 안타까워진다. '생각했던 것과 달라서', '적성과 맞지 않아서', '성적에 맞춰 지원했던 거라서'라고 답한 비율이 대다수를 차지하기 때문이다. 적성에 맞지 않으니 흥미가 생길 리 만무하다. 흥미가 없는데 노력은 될까. 오히려 노력하는 게 고역이 되고 소모전이 되는 것이다. '적성'이 아니라 '성적'을 따라간 선택의 종착점은 후회뿐이다.

더 큰 문제는 대부분의 학생이 전공과 맞지 않는다고 선언하고 인정하는 시점이 너무 늦다는 데에 있다. 그들은 첫 수업이 시작되고 한 학기만 지나면 본능적으로 느낀다. 전공과 내 적성이 잘 맞지 않는다는 것을. 이 문제는 빠르게 해결할수록 더 좋은 결과를 가져온다. 진로 탐색의 시간을 확보할 수 있는 것이다. 그러나 전공과 적성이 불일치한다고 감히 말할 수 없다. 대학만 보내면 자식 다 키운 것이라 생각하는 부모님, 자신도 전공이 안 맞는다고 말하면서도 취업 계획은 철저히 세우는 친구들이 떠오

전공 선택을 후회하는 대학생들

현재 전공 선택

후회한다 72.7%
후회하지 않는다 27.3%

후회하는 이유는(복수 선택)

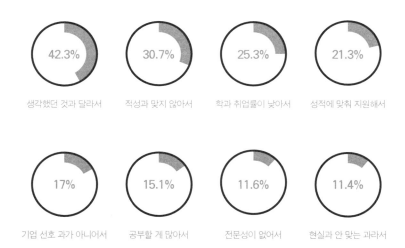

| 42.3% | 30.7% | 25.3% | 21.3% |
| 생각했던 것과 달라서 | 적성과 맞지 않아서 | 학과 취업률이 낮아서 | 성적에 맞춰 지원해서 |

| 17% | 15.1% | 11.6% | 11.4% |
| 기업 선호 과가 아니어서 | 공부할 게 많아서 | 전문성이 없어서 | 현실과 안 맞는 과라서 |

른다. 이 상황에서 나 혼자 '저는 처음부터 다시 시작해야 합니다'라니, 부모님의 표정과 주변 친구들의 반응이 상상만으로 끔찍하다.

강연 뒤 나를 따라왔던 학생, 졸업을 앞두고 후회를 토로하던 학생, 그들의 고민은 결국 똑같다. 하기 싫은 것이 아니라 무엇을 하고 싶은지 모른다는 것. 그래서 불안하다는 것. 지금 이런 이야기를 들으면서 '나도 그런데'라고 생각하는 이들이 많을 것이다. 내가 강연 때마다 느끼는 건, 다들 이런 이야기를 들으면 그 순간에는 '어떡하지? 이제라도 정신 똑바로 차리자'는 마음을 먹는다는 것이다. 그런데 하루 이틀 시간이 지나면 어느새 결심이 희미해진다. 그리고 시간이 더 지나 달라지는 게 여전히 없으면 '어쩌라고……'로 마무리된다.

부디 더 이상은 주춤거리지 말자. 불안에서 벗어나는 방법은 뭐든 해보는 것밖에 없다. 우리 인생에 더 이상 담임 선생님은 없다. 가만히 있으면 누가 알아주지도, 찾아주지도 않는다. 내가 무엇을 하고 싶은지 찾으려면 내가 나서야 한다. 그걸 찾을 수 있는 사람은 결국 나뿐이다.

대학은 꿈을 찾는 곳이 아니다. 청소년기에 가슴속에 품고 있던 꿈을 전공으로 택해 그 꿈을 현실의 직업으로 만들기 위해 준비하는 곳이다. 지금 몸담고 있는 전공으로 내 꿈을 실현시킬 계획이 없다면 바로 플랜B가 필요하다. 나부터 인정하자. 하루라도 더 빨리 인정해야 다음 계획을 세울 수 있다.

무엇을 해야 할지 모르니
스펙만 쌓는다

　수능은 '불수능', '물수능' 번갈아 가며 흐름을 타는데 취업은 단 한 번도 쉬웠던 적이 없는 불바다다. 실제로 청년실업률은 해마다 고공 행진을 하고 있다. 통계청에 따르면 2018년 3분기 기준 20~30대 청년실업률이 역대 최고치를 기록했다고 한다. 이뿐만이 아니다. 체감실업률을 가리키는 15~29세 확장실업률은 22.7%로 2015년부터 집계하기 시작한 이래 사상 최고치를 찍었다. 실업자 수는 102만 4000여 명으로 2017년보다 9만 2000여 명이 증가했고, 구직단념자 수는 55만 6000여 명으로 1년 전보다 7만 3000여 명이 늘었다. 이 역시 2014년 통계 기준을 변경한 이래 가장 많은 수준이라고 한다.

　사실 이런 상황은 이미 예견된 일이기도 했다. 2017년 기획재정부가 통계청 장례인구추계 및 고용동향을 토대로 분석한 결과에 따르면, 청년

95.3	104.8	115.8	124.1	129.6	134.1
2016	2017	2018	2019	2020	2021

25~29세 청년층 일자리가 232만 9000개(2016)에서 증가하지 않는다고 가정 시 청년층 미취업자수.
(단위: 만 명 | 기획재정부 자료)

층 고용 여건이 개선되지 않으면 오는 2021년 청년 실업자 수는 130만 명을 넘어설 것이라고 전망했다.

지금처럼 암담한 상황에서는 상상하기 힘들지만, 사실 졸업만 하면 알아서 취업이 되던 행복한 시절도 있었다. 80, 90년대 경제성장기에는 일할 곳이 넘쳐났다. 기업들은 투자를 확대했고 채용에도 큰 문제가 없었다. 관리management를 할 수 있는 머리 좋은 사람이면 충분했다. 스펙이라고 해봐야 학벌, 학점, 토익 정도였다. 일은 회사에서 배우면 되는 것이었고, 똑똑한 직원들만 있으면 회사는 잘 돌아갔다. 예전에 수능을 치른 학생들의 인터뷰 내용 중 빠지지 않고 등장했던 주제가 서울대 농대를 가야 할지, 연대 법대를 가야 할지 같은 고민이었다. 전공보다 학벌을 더 따지던 시대였다.

그러나 IMF 외환위기 이후 상황이 바뀌었다. 취업 시장에서 대졸자가 직격탄을 맞았다. 사농공상 의식에 빠져 어렵고 힘들수록 내 자식 대학 보내는 일에 목숨을 걸었다. 그런데 경기 불황에서는 취업 시장에서의 규칙이 달라진다. 기업은 생존을 위해 인원을 줄인다. 채용 기준도 엄격해진다. 그러니 경쟁은 자연스럽게 더 심해졌다. 학벌, 학점, 토익 3종 세트에서 학벌, 학점, 토익, 자격증, 어학연수, 공모전 입상, 인턴 경력, 봉사활동, 심지어 성형수술까지 갖춰야 한다는 9종 세트로 스펙이 늘어났다. 여기에 최고의 스펙인 '금수저'까지 더하면 10가지 스펙이 완성된다는 웃지 못할 이야기까지 생겼다.

언제까지 똑같은 '블록'을 쌓을 것인가

오늘도 학생들은 스펙에 매달린다. "누군 이러고 싶어 이러나요?" 학생들도 할 말은 있다. 취업을 준비하긴 해야 하는데 뭘 해야 할지 모르니까 스펙이라도 쌓는 거다. 대학 입시는 적어도 뭘 해야 할지 알려줬는데 취업 준비는 알아서 하라고 한다. 이력서 내고 면접이라도 볼 수 있으려면 빈칸을 채워야 하니까 뭐든 쌓을 수 있는 건 다 해보는 것이다. 뛰어넘을 수 없는 대학 간판을 어떻게든 넘어서보려고, 영어점수 1점이라도 높여보려고 애를 쓴다. 전공이라도 잘 맞으면 불안감이 덜할 텐데 전공도 안 맞으니까 뭐라도 해보려고 노력하는 것이다.

문제는 모두가 '똑같은' 스펙을 쌓고 있다는 사실이다. 남들이 한다니 나도 할 수밖에 없게 된다. 때로는 생각 없이 경쟁하는 게 익숙하고 편하기도 하다. 학점 관리 하면서 토익 점수를 따고 나니 자격증도 필요하다고 한다. 힘들게 자격증을 땄는데 한 친구는 어학연수를 가고 또 다른 친구는 대기업에서 인턴을 한단다. 그것도 모자라 봉사활동도 하고 공모전 동아리에도 가입한다. 나는 아르바이트하면서 아등바등하고 있지만 아무리 해도 따라잡기가 버겁다. 시간이 부족하다. 이러니 최고의 스펙은 부모, 금수저라고 하는가 보다 싶다.

취업이 레고 블록 쌓기도 아닌데, 마치 똑같은 모양의 블록을 누가 먼저 쌓는지 대결하는 경기라도 하는 것 같다. 우리는 모두 좋아하는 것도, 잘하는 것도 다 다른 사람들인데 왜 똑같은 블록 쌓기를 하고 있어야 하는가?

어린 시절을 떠올려보자. 어떤 아이는 블록 쌓기를 좋아했고, 어떤 아이는 공룡 놀이를 좋아했고, 어떤 아이는 주방 놀이를 좋아했고, 어떤 아이는 자동차 놀이를 좋아했다. 그렇게 다 다르던 아이들이 커서 똑같은 관문 앞을 서성이고 있다. 그 관문을 통과해야 살아남아 세상에 나올 수 있는 것처럼 말이다. 가슴 아픈 일이다.

'탈스펙' 그리고 '자소서포비아'

물론 스펙은 필요하다. 엄격한 의미에서 스펙은, 어떤 일을 해낼 수 있는 능력, 역량을 말한다. 회사를 다니려면 당연히 필요한 역량은 어느 정도 갖춰야 한다. 학교와 회사는 다르다. 돈을 내고 다니는 곳이 학교고, 돈을 받으며 다니는 곳이 회사다. 돈을 받으려면 잘해야 한다.

그러니 일을 잘할 수 있는 기본적인 역량을 갖추기 위해 쌓는 스펙은 필요하다. 문제는 하고자 하는 일에서 필요한 역량을 쌓는 게 아니라 '목적 없는 스펙 쌓기'라는 점이다. 그러나 생각해보라. 회사 입장에서는 뭐든지 잘하는 사람보다 '그 일을 가장 잘할 수 있는 사람'을 뽑고 싶어 한다. 정부도 2017년부터 공기업 및 공공기관 채용 과정에서 블라인드 채용 방식을 적극 적용하겠다고 밝혔고, 많은 기업이 정부 정책에 발맞춰 블라인드 채용을 도입하고 있는 상황이다.

블라인드 채용의 기본 원칙은 이른바 '탈스펙'으로 일컬어진다. 학력, 학점, 어학 성적, 수상 경력, 자격증, 봉사활동 같은 스펙보다 각 직장에서 꼭 필요한 역량을 갖춘 인재를 뽑는 데 주력하겠다는 것이다.

이렇게 '탈스펙' 채용 바람이 불기 시작하면서 스펙을 많이 갖춰야 한다는 강박관념에서 벗어날 수 있기를 기대하는 목소리가 커졌다. 불필요한 스펙을 줄이고 선택과 집중 전략을 취하는 '스펙 다이어트'가 필요하다는 말도 여기저기서 나왔다. 의미 없이 도서관에 자리 잡고 앉아 토익 점수 올리는 데 열중할 것이 아니라 차라리 그 시간에 직무적합성을 증명할 수 있는 경험을 쌓는 것이 더 중요하다는 것이다.

주요 그룹들의 채용 방식을 한번 짚어보자. 우선 삼성전자, LG전자는 서류 접수 단계에서 입사자원서에 사진, 가족관계, 신체사항 등의 불필요한 입력란을 없앴다.

롯데에는 'SPEC태클 전형'이 있다. 이 전형은 '화려한 볼거리Spectacle'라는 뜻과 '무분별한 스펙 쌓기에 태클을 건다Spec-tackle'라는 중의적 의미가 담겨 있다. 상·하반기 2회에 걸쳐 시행되는데, 계열사별로 인력 수요가 있는 직무에 대해 블라인드 전형으로 신입·인턴사원을 뽑는다. 롯데백화점의 MD, 롯데마트의 식품MD, 롯데하이마트의 온라인MD, 롯데홈쇼핑의 PD, 롯데닷컴의 프로그래밍 등 직무에 따라 블라인드 전형으로 인재를 선발한다.

CJ에는 '리스펙트Respect 전형'이 있다. 이 전형은 출신 학교 및 학점, 영어점수 등 일명 '스펙'이라고 불리는 정보를 입사지원서에 일절 기재하지 않는 블라인드 채용 제도를 말한다. 2018년 CJ제일제당의 식품영업, CJENM의 콘서트기획, CJCGV의 멀티플렉스 매니저, CJ대한통운의 계약물류 등의 다양한 직무에서 도입됐다.

SK에는 '바이킹챌린지 전형'이 있다. 틀에 박힌 취업 스펙에서 벗어나 지원자의 스토리와 역량만으로 인재를 선발한다. SK는 자기 분야에서의 넘치는 끼와 열정을 바탕으로 새로운 도전을 즐기는 인재를 바이킹형 인재라고 부른다. 이들은 매년 상반기 'SK바이킹챌린지'라는 프로그램을 통해 선발되고 인턴십을 거친 후 평가를 통해 최종 합격 여부가 결정된다.

KT에는 'KT스타오디션'이라는 별도의 전형이 있다. 참가 신청 시 일체의 스펙을 요구하지 않는다. 오디션 대상자들은 5분간 형식의 구애 없이 입사지원서만으로는 표현하기 힘든 직무에 대한 역량과 경험을 각자 저마다의 방식으로 발표하게 된다. 스타오디션 전형의 합격자에게는 서류전형 합격 혜택이 부여되고, 신입공채 지원자들과 함께 인적성 검사, 면접전형을 거쳐 채용된다.

효성은 서류전형에서 학점, 외국어, 연령 등에 별도의 자격 제한을 두지 않는다. 집단토론은 블라인드 면접으로 진행하고, 면접관은 지원자의 명찰을 보고 이름을 확인할 뿐 다른 정보를 알 수가 없다.

주요 그룹들의 채용 전형을 보니 어떤가? 사실 탈스펙 채용이라고는 하지만 학생들의 입장에선 여전히 깜깜하고 혼란스럽다. 명확한 평가 기준이 무엇인지 잘 모르겠고, 준비해야 할 것들이 줄어든 것 같지도 않으며, 오히려 절차가 더 번거로운 것 같다. 그나마 쌓을 수 있는 스펙마저 무용지물이 된 것 같고, 어떤 면에서는 또 다른 차원의 스펙을 낳게 하는 건 아닌가 하는 생각마저 든다.

　또한 입사지원서에 넣는 스펙이 줄면서 유일하게 채워 넣을 수 있는 공간은 자기소개서(에세이) 영역이 되었고, 그렇다 보니 자기소개서를 잘 써야 한다는 강박도 더 커졌다. 급기야는 자기소개서 작성을 두려워하는 '자소서포비아'라는 말도 생겨났다. 실제로 취업포털 사람인에서 구직자 400명을 대상으로 조사한 바에 따르면, 400명 중 75.5%가 '자소서포비아'를 갖고 있다고 답했다.

　서류 광탈(서류 전형에서 빛의 속도로 탈락한다는 뜻에서 나온 말)을 당하지 않으려고 실제 자신의 경험과 관련된 스토리를 부풀리고 과장해서 쓴다는 신조어 '자소설'도 등장했다. 취업포털 잡코리아가 취업준비생 1070명을 대상으로 한 조사에서는 60.8%가 '자소설을 작성해본 적이 있다'라고 답했다고 한다.

　이런 상황이라면 실패는 반복될 수밖에 없을 것이다. 정말 중요한 것은 스펙도 아니고, 자기소개서도 아니다. 우리는 다시 근본적인 질문부터 던져야 한다. 당신은 무엇을 하고 싶은가? 당신은 무엇을 할 수 있는가?

아무것도 하지 않는 시간의 힘?

몇 해 전부터 서점에서 『아무것도 하지 않는 시간의 힘』, 『하마터면 열심히 살 뻔했다』와 같은 제목의 책을 자주 볼 수 있다. 실제로 휴식은 삶에 중요한 요소다.

그런데 이 휴식의 힘을 너무 믿어서일까? 아주 오래 휴식기를 갖는 학생들이 있다. 1장에서 잠시 언급한 것처럼, 사람은 성향마다 같은 문제를 다르게 해결한다. 뭘 해야 할지 몰라서 무분별한 스펙을 쌓는 학생과 달리 아예 손을 놓아버리는 학생들도 많다. 하고 싶은 것이 없으니, 뭘 공부할지 모르겠고 지금 당장 이력서를 써야 하는 것도 아니니 일단 오늘을 즐긴다. 최대한 모든 준비와 절차를 마지막 학기로 미룬다. 좋은 곳에 취업하겠다는 의지는 상실한 지 오래다. '중소기업이 그렇게 많다는데, 어디든 이력서라도 써서 내면 붙겠지'라며 웃고 있는 또 다른 친구를 위안 삼아 버틴다. 학교 행사나 수업, 성적은 남들만큼 챙기지만 그렇다고 따로 휴일이나 방학에 취업을 위해 대외활동을 하거나 특별한 공부를 하는 것은 아니다. 그냥 공식적인 스케줄이 없다면 쉰다.

그런데 마지막 학기쯤 돼서 이력서와 자기소개서를 작성하면, 4년 동안 학교에 다닌 일밖에 없으니 정말 쓸 이야기가 없다. 스스로도 그걸 잘 알아서 적당한 곳에 지원한다. 그러나 그마저도 서류 탈락의 연속이다.

무분별하게 스펙을 쌓는 학생들은 빠르면 1학년, 대부분 2~3학년 즈음에 나를 찾는다. 반면 이런 무기력한 유형은 빠르면 마지막 학기, 늦으면 졸업 후에 만난다. 이력서를 쓰면서 궁지에 몰릴 대로 몰리고 나서야 취업을 이야기한다. 스펙이 많으면 차라리 진로 설정을 다시 하고, 기존에 가진 경력을 이용해 최선의 선택을 도울 수 있다. 그러나 이런 유형을 만나면 가슴이 먹먹해진다. 시간이 없다. 취업에는 시간 제한이 있다는 것을 알아야 한다. 시간 많은 취업준비생은 존재하지 않는다. 특히 당신에게는 더더욱 시간이 없을 것이다. 손을 놓기 전에 한 번이라도 교내 혹은 주변의 진로·취업 상담실의 문을 두드리길 간청한다. 그리고 이렇게 말하라.

"뭘 하고 싶은지 모르겠어요. 도와주세요."

취업 후 다시 취업,
끝나지 않는 도돌이표

정식으로 커리어 컨설턴트가 된 초창기부터 나는 '매칭의 달인'이 됐다. 참가자 모집부터 매칭까지 취업률은 곧 내 실적이었고, 빠른 입직의 길을 열어주는 것이 구직자에게도 최선이라고 생각했다. 워낙 많은 사례를 쌓다 보니 어느 시점부터는 구직자의 이력서만 봐도 합격률이 높은 업종과 직무가 자연스레 떠올랐다. 약간의 상담과 수정을 거치면 머지 않아 어김없이 '합격했어요. 감사합니다'라며 전화가 걸려왔다. 한 해 평균 1000회 이상의 상담을 진행하고 정규직 취업률 70%를 달성했다.

내게 취업은 꿈이자 생존이었다. 커리어 컨설턴트가 내 꿈을 찾아준 것처럼, 나 역시 학생들이 말하는 기업이나 직무로 보내주는 일이 진정 학생들의 꿈과 행복을 이뤄주고 있다고 믿어 의심치 않았다. 한 통의 전화를 받기 전까지는 말이다.

늦은 상담을 끝내고 집으로 돌아오는 길, 휴대전화에 이름이 뜨는데 누군지는 기억이 가물가물했다. 전화를 받아보니 목소리가 익숙했다. 몇 달 전, 원하는 곳에 취업시킨 학생이었다. 보통 취업 이후 내게 연락하는 경우가 드물었기에 의아한 마음이 들었는데, 곧 전화기 너머에서 어둡고 낮은 목소리가 들려왔다.

"선생님, 저 어떡하죠? 그렇게 원하던 기업에 들어왔는데, 하루하루가 죽을 것만 같아요. 내일도 출근할 생각을 하니 너무 고통스러워요. 이 일이 정말 저와 맞는 건가요?"

만나서 이야기하자 달래놓고 전화를 끊었다. 자괴감이 들었다. 내가 뭔가 잘못하고 있다는 생각이 번쩍 들었다. 다음 날, 출근하자마자 유지취업률(대학 졸업자가 일정 기간이 지난 후에도 취업한 직장에서 계속 근무하고 있는지 조사한 취업률 지표)을 조사했다. 그리고 깨달았다. 내가 취업시킨 많은 학생이 중도 퇴사와 이직을 했다는 사실을.

막연히 원하는 곳에 빠른 취업을 하는 것, 그게 답이 아니었다. 그 후로는 나를 찾아온 학생들에게 꼭 묻는 질문이 생겼다.

"넌 꿈이 뭐니? 그거 왜 하고 싶니?"

학생들은 십중팔구 당황하며 대답을 어려워한다. 가고 싶은 회사 이름과 자격 조건은 줄줄 외지만 장래희망은 없다. 그렇다 보니 입사 후 길을 잃는 것이 다반사다.

얼마 전, 서울 광화문 광장에서 이색적인 박람회가 열렸다. 이름하여, 실패박람회. 실패했지만 재기하고자 하는 사람들을 위해 기획된 행사였다. 진로적성검사부터 재취업에 관한 상담, 재창업 교육, 전망 없는 사업 정리를 위한 컨설팅, 재기사업 신청까지 다양한 프로그램이 진행됐는데, 기존의 취업박람회나 창업박람회와는 사뭇 달랐다. 실패를 딛고 새로운 길을 모색할 수 있는 기회를 제공한다는 데 초점을 맞췄다는 점에서다.

이 행사에서 특히 인상적이었던 건 진지하게 진로적성검사를 받는 직장인들의 모습이었다. 아닌 게 아니라, 학교에 있을 때보다 사회생활을 시작하고 난 뒤에야 적성검사의 중요성을 느끼게 되는 사람들이 많다고 한다. 회사에 들어가고 나서야 '이 일이 적성에 맞지 않는 건 아닐까?' 하는 고민을 뒤늦게 하기 때문이다.

실제로 "현재 직종을 선택하게 된 이유는 무엇인가?"라는 질문을 던졌을 때 가장 많이 나오는 대답이 "어떻게든 취업을 해야 해서(41.6%)"라고 했다. "관심 있는 분야라서(34.5%)"가 그다음이고, "돈을 많이 벌기 위해(10.9%), 부모님이나 주변 시선 때문에(6.4%), 전망이 좋은 것 같아서(6.3%)"가 뒤를 이었으며, 마지막으로 "소질이 있어서"라는 대답은 1.2%에 불과했다.

오늘도 퇴사를 꿈꾸는 이들에게

한국경영자총협회가 전국 312개 기업을 대상으로 실시한 신입사원 채용실태 조사(2017년 기준)에 따르면, 대졸 신입사원의 취업경쟁률은 평균 35.7:1이다. 100명이 지원하면 최종 합격하는 사람이 3명도 안 된다는 얘기다. 이렇게 높은 경쟁률을 뚫고 회사에 들어갔는데 다시 퇴사를 하고 싶으면 얼마나 억울한 일인가?

취업준비생일 때만 해도 '퇴사하고 싶다'는 직장인들의 고민은 가진 자의 여유로만 보였다. 회사에 지원하고 면접을 볼 때만 해도 "저를 뽑아만 주신다면 제 모든 것을 걸고……"와 같은 말도 했던 것 같다. 그런데 어느새 회사 컴퓨터 바탕화면에 깔아놓은 사직서 파일이 매일 나를 불쌍하게 쳐다보고 있다.

이러려고 대학 나왔나 싶을 생각이 절로 드는, 딱히 내가 아니어도 할 수 있는 단순 노동이 매일 반복된다. 차라리 대학 시절 했던 조별 발표가 더 창의적이다. 근무시간은 정해져 있으나 사실상 정해지지 않은 시간이다. 9시에 퇴근하면 다행인 날이 더 많다. 정치는 여의도에만 있는 게 아니고 회사에도 있다. 사내 정치 못하면 숨도 제대로 못 쉰다.

그뿐이 아니다. 대학 조별 과제 때 참여는 제대로 안 하면서 학점만 받아가던 양아치 같은 동료가 회사에는 수두룩하다. '강요하지 않은 회식 문화'라고 말들은 하지만 여전히 술자리는 빼도 박도 못한다. 하루에도 열두 번 때려치우고 싶지만, 다음 달 카드 값이 발목을 잡고 학자금 대출금이 어깨를 누른다. 이 회사 들어오려고 그렇게 노력했는데, 고작 이렇게 살아야 하나 자괴감이 든다.

이게 흔한 신입사원의 회사생활기다. 신입사원 10명 중 7명이 이직을 고민하고, 실제로 2명 중 1명은 1년 안에 퇴사를 한다. 취업포털 사람인이 기업 인사담당자 657명을 대상으로 한 조사에 따르면, 1년간 직원 퇴사율은 평균 17%였는데, 그중에서도 1년 차 이하 신입사원의 퇴사율은 49%에 달했다.

그러면 이렇게 중도 퇴사해서 무엇을 하는가? 다시 또 반복이다. 잡코리아가 304개 기업을 대상으로 조사한 결과, 5곳 중 4곳에서 신입직원 모집에 경력이 있는 사람이 지원하는 경우가 있다고 답했다. 그런 지원자들의 38%가 1년에서 2년 미만의 경력자고, 19.7%가 6개월에서 1년 미만의 경력자다. 첫 회사에서 길 찾기에 실패하고 결국 또다시 취업 시장에 뛰어든 이들인 셈이다.

'적성검사' 받는 직장인들의 미래

중도포기와 조기퇴사. '무조건 참아라, 버텨라'가 답은 아니다. '정말 그냥 이렇게 아무 의미 없이 계속 갈 수는 없다'고 생각한다면, 퇴사를 하는 것도 최선의 선택이 될 수 있다. 그러나 회사생활이 힘들어도 버텨야 하는 상황이 있다. 딱 두 가지 경우로 생각해볼 수 있다. '일은 그래도 재미있다'거나, 아니면 '다른 곳보다 월급은 많이 준다'거나.

전자의 경우라면, 여러 조건은 안 좋아도 적성에 맞는 일을 찾은 것이니 힘들어도 그 자리에서 경험과 경력을 쌓으며 다음 단계를 모색해볼 수 있다. 그러니 성급하게 퇴사하기보다는 내 역량을 높일 때까지 버텨보는 게 더 나은 선택일 수 있다.

후자의 경우를 보자. 일이 재미있지는 않지만 월급이 꽤 된다면, 내 적성에 맞는 다른 확실한 안이 있는 게 아닌 이상 버티는 게 더 나을 수 있다. 무엇을 할 수 있을지도, 무엇을 하고 싶은지도 모른다면 퇴사해서 또 다시 취업한다고 한들 달라질 게 없을 것이기 때문이다.

결국, 중요한 것은 '적성 찾기'에 있다. 실패박람회에서 '적성검사' 받던 직장인들이 가진 간절함도 그것이었다. 갖은 노력 끝에 결국 취업했지만, 이 길이 아니라는 실패를 깨달았고 그래서 제2의 시작은 진정으로 자신한테 맞는 일을 찾고 싶다는 간절함 말이다.

당신은 지금 어떻게 일하고 있는가? 출근길 당신의 표정을 본 적이 있는가? 내일 아침 출근이 기대되는 삶을 살고 있는가?

공무원공화국 아니면
기승전 '치킨집'

"교수님, 요즘 청춘들이 공무원에 열광하는 세태에 대해 어떻게 생각하십니까?"

"네. 지극히 당연합니다."

이전에 모 언론사와의 인터뷰에서 기자와 주고받았던 허무한 문답이다. 일반 기업에 취업하는 것도 힘들고, 취업을 해도 답이 없으니 가장 안정적일 수 있는 길을 좇을 수밖에 없는 것이다. 초등학생들을 대상으로 한 강연에서 아이들에게 "뭐가 되고 싶니?"라고 물어봐도 가장 먼저 나오는 대답은 '공무원'이다.

그렇게 대한민국은 공무원공화국이 되었다. 국가직 9급 공무원 경쟁률은 100 대 1이 훌쩍 넘는다. 매년 응시자 수만 해도 수십만 명에 이른다. 아마 취업준비생들 중에서 공무원 시험을 한 번도 생각해보지 않은 사람은 없을 것이다. 평균 준비 기간 2년 2개월, 월평균 지출 비용 62만 원. 시간과 비용이 그렇게 들어도 해마다 지원자는 늘어난다. 공무원 시험에 매달리는 일이 비교적 자신이 노력한 것에 비례한 결과를 얻을 수 있고, 암기 중심의 입시에도 익숙한 편이라서 학생들에게는 그나마 쉬운 선택일지도 모르겠다. 기업은 채용을 늘리지 않고 정부가 공공부문 일자리를 확대하려는 상황이니 공무원 시험의 경쟁률은 앞으로도 계속 높아질 것으로 보인다.

그런데 공무원 시험 준비도 뛰어들어 보면 여간 쉽지 않다는 것을 깨닫게 된다. 2년 정도면 되지 않을까, 만만하게 보다가 흘러가는 시간에 속절없이 무너진다. "내가 공무원 못 될 것 같아?"라고 누가 묻는다면, "응, 그럴 것 같아"라고 말해주는 게 확률상 맞을 가능성이 훨씬 더 높다. 경쟁률이 10 대 1이라고 해도 확률이 10%밖에 안 되는데, 실제 경쟁률은 수십 대 1이다. '될 수 있어'라고 말할 수 있으려면 적어도 확률이 50%는 넘어야 하지 않겠는가.

이 때문에 공무원 시험 준비로 대학을 휴학해도, 수년이 흘러 결국 다시 학교로 돌아오는 경우가 많다. 사실 시험이라는 게 한두 문제 차이로 합격과 불합격이 갈린다. 될 것 같은데, 조금만 더 하면 될 것 같은데 하다가 시간은 한두 해를 넘어 몇 년이 흘러가 버리고 만다. 원치 않는 공백기가 생겼다. 딱히 무엇을 따로 준비한 것도 아니다. 공시생에서 취업준비생으로 돌아왔는데 면접에 가서 할 말이 없다.

취업도 뭐도 다 힘드니 창업이 대안으로 떠올랐다. 대학에 창업지원센터가 생기고, 창업 교육이 이어졌다. 창업을 적극적으로 장려하는 것도 물론 하나의 좋은 방법이자 대안이다.

문제는 기술 창업이 아니라 대부분은 식음료와 서비스 중심의 창업으로 진행된다는 데 있다. 업종의 특성도 제대로 모른 채, 경험 없이, 남들이 많이 하는 것들로 쏠린다. 너도나도 먹고 마시는 장사에 뛰어드는 것이다.

이원석 저자의 『공부란 무엇인가』라는 책을 보면, '한국 학생들의 진로'에 관해 아주 기막히게 표현한 그림이 나오는데, 이는 다음과 같다.

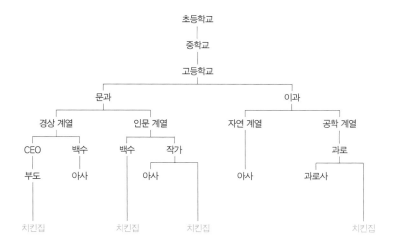

어떤 길로 가든 마지막은 '치킨집'이라는 얘기다. 기승전 치킨집. 혹시 그거 아는가? 실제로 대한민국에 있는 치킨집의 숫자가 전 세계에 있는 맥도날드 매장의 수보다 많다고 한다. 그렇게 많은데 그 가운데서 살아남는 게 어디 쉬운 일이겠는가.

그렇게 치열한 경쟁 속으로 준비 없이 무작정 달려드는 창업이 문제다. 너무나 당연한 말이지만, 창업을 하려면 취업과는 또 다른 마인드가 필요하다. 주어지는 먹을거리가 적다는 것을 걱정하는 정도가 아니라 먹을거리를 만들어내야 하는 입장이 돼야 하는 것이다.

정부나 기관에서 지원하는 여러 창업 지원 혜택들이 있다고는 하지만, 실패하면 책임은 결국 자신이 떠안아야 한다. 그러므로 창업을 하려면 적어도 희망하는 창업 분야에 관한 경험이 있어야 하고, 시장분석과 수익구조 파악도 돼 있어야 하는 것이다.

한 학생이 군 복무 중 들었던 특강에 자극받아 창업에 도전했다. 어차피 전공도 맞지 않는 상황이었기에 학교에는 미련도 없었다. 복학하지 않고 1년간 아르바이트를 하고 바리스타 자격증을 딴 뒤 부모님 전셋집을 담보로 대출을 받아 프랜차이즈 카페를 차렸다. 그러나 결국 2년 만에 문을 닫고 복학을 했다. 가맹점비 내고 인건비를 계산하니 한 달에 100만 원 남짓 남더란다. 하루에 12시간 근무하면서 그 돈으로 이자까지 내고 나니 결국 아르바이트하는 것보다 못하다는 결론을 얻었다고 한다. 그러던 중 건물주가 보증금까지 올려달라고 요구해 다 털고 나왔다는 것이다.

그 나름대로는 열정도 있었고 노력도 했다. 그러나 사실은 그 역시도 게임의 규칙을 알지 못했다. 잊지 못할 경험을 했지만 평생을 모아 마련한 전셋집은 월세가 되었고 아직도 갚아야 할 은행 빚과 학자금 대출금이 있다. 준비 없는 취업에서는 혼자 실패하면 그만이지만, 준비 없는 창업에서는 온 가족이 짐을 떠안게 되는 셈이다.

창업도 결국은 취업의 연장선

창업은 발명 대회가 아니다. 아이디어 하나 믿고 달려드는 게임이 아니라는 얘기다. 남이 하니까 나도 할 수 있다고 생각해서는 안 된다. 실제로 청년 창업에 성공하는 사례는 10명 중 1명에 불과하다. 실패한 9명을 보면 사실은 취업도 해본 적이 없는 경우가 더 많다.

그래서 창업을 하겠다는 청춘들이 오면 나는 먼저 취업을 해본 뒤에 창업하도록 권한다. 물론 어떤 분야의 창업을 하느냐에 따라 달라질 수 있겠지만, 적어도 그 분야에서 3년 정도 경력을 쌓고 그 업으로 먹고사는 방식을 이해한 뒤 도전할 수 있도록 지도한다. 회사에서 주는 밥을 잘 받아먹는 사람이 아니라 먹을거리를 만들 수 있는 개인으로의 성장이 필요하다고 생각하기 때문이다.

여기에서도 선행 작업은 역시 적성에 따른 진로 설정이다. 내가 하고 싶고, 할 수 있는 일을 분명히 한 후에 자신에게 맞는 직업과 기업을 선택해서 취업을 하는 것이 첫 단계다. 조직 안에서 성장해 밥값 할 수 있는 사람, 더 나아가 핵심 인재가 되면 판단할 수 있는 그리고 선택할 수 있는 기회를 얻게 된다. '같은 것'을 보는 사람이라면 언제든 조직을 떠나 창업을 할 수 있을 것이고, '같은 곳'을 보는 사람이라면 회사에서의 성장도 답이 될 수 있다. 사람들에게 ○○기업의 홍길동이 아니라 홍길동이 다니는 회사가 ○○기업으로 인지되는 순간이 온다. 일자리가 아니라 일거리를 따낼 수 있는 개인이 되었다는 증거다. 실제로 내가 가르쳤던 학생들은 그럴 때 조직에서의 한계를 느끼고 창업을 하는 경우가 많았다.

결국, 창업도 취업의 연장선이다. 취업을 해봐야 창업도 잘하는 법이다. 내가 선택한 분야에서 적어도 내 밥값을 할 수 있을 때, 아니 밥값 이상을 할 수 있을 때 도전해도 늦지 않는다.

'노오오오오력'해도
바꿀 수 없는 것들

"돈 벌어서 뭐하고 싶어요?" 이 질문에 열에 아홉은 집부터 사겠다고
한다. 특히나 나처럼 취업하려고 지방에서 올라와 고시원, 반지하 원룸을
전전했던 사람들은 그 마음이 더 절실해진다. 그런데 보통 정도로 벌어서
는 집을 산다는 게 거의 불가능하다. 많이 벌어야 한다. 많이 벌려면? 대
기업에 가야 하는데 그건 어디 쉬운 일인가.

대한민국 10대 재벌 그룹이 국내총생산(GDP)의 80% 이상을 차지하
지만, 전체 근로자의 12%만 대기업에 종사하고 88%는 중소기업에 다닌
다. 통계상 중소기업의 약 80% 이상의 경우가 한 달 급여 200만 원을 넘
지 못한다. 언론에 등장하는 근로자 평균연봉 3387만 원도 대부분의 보
통 사람들에겐 사실상 꿈같은 이야기가 될 수밖에 없다. 대기업과 중소기
업의 평균임금 격차는, 조금씩 개선되고 있다지만, 여전히 두 배 가까운

차이를 보인다.

그래도 그 돈이라도 쪼개고 쪼개서 모으려고 애쓴다. 그러나 아무리 모아도 목돈이 안 된다. 부모님 세대 때는 아끼고 저축하면 희망이라도 있었다. 1971년에 은행예금(신탁) 금리는 최대 25.2%였다. tvN 드라마 〈응답하라 1988〉에서는 이런 장면도 나왔다.

바둑 천재로 나오는 택이의 우승상금 5000만 원을 두고 이웃 주민들은 저마다 나름의 재테크 전략을 이야기한다. 덕선이 아빠이자 한일은행(현 우리은행) 직원으로 나오는 성동일은 이렇게 말한다. "은행 금리가 내려가지고 15%여. 그래도 목돈은 은행에 넣어놓고 이자 따박따박 받는 게 최고지라." 이 말을 듣던 선우 엄마는 "은행에 뭐 하러 돈을 넣어. 금리가 15%밖에 안 되는디"라며 맞받아친다. 1988년에는 15%도 저금리였다. 안 먹고 안 쓰면 돈이 모이는 시대였다. 그러나 우리는 예금이자가 평균 2%인 시대에 살고 있다.

두 친구의 같은 시작, 다른 결과

같은 대학, 같은 과를 졸업하고 일반 사무직으로 취업한 두 친구 A와 B가 있다. 인문 계열 특성상 전공을 살리는 게 쉽지 않았기에 전공 무관, 연봉 2400 이상, 서울 지역, 사무직을 목표로 준비를 했고 한 달 차이로 둘 다 합격을 했다. 그리고 5년쯤 흘렀을 때, 두 사람이 나를 찾아왔다. A가 결혼을 하게 되어 오랜만에 함께 모인 자리였다. A는 원래 서른 전에 결혼하고 싶었는데 자리 잡는 데 시간이 걸렸다며 그간의 이야기를 들려줬다.

몇 번의 위기도 있었지만 잘 참고 버텨서 1억 원 정도의 돈을 모았고 부모님께 손 벌리지 않고 결혼하게 되었다며 감사 인사와 함께 내게 넥타이를 선물로 건네주었다. 나는 아무 생각 없이 곁에 있던 B에게도 안부를 물었다. 그런데 표정이 좋지 않았다. 말은 잘 지내고 있다고 하는데 얼굴은 그렇지가 않아 보였다.

그리고 얼마 후 B에게서 메일이 왔다. 회사를 그만둬야 하는지에 대한 고민이었다. 연봉 2400만 원. 적지 않은 돈이라고 생각했고 충분히 서울살이를 할 수 있다고 생각했다. 그런데 막상 월급을 받으며 생활하다 보니 현실은 냉혹했다.

세금을 떼고 나면 매월 통장에 찍히는 돈은 182만 원. 취업 합격과 동시에 출근해야 했는데 보증금 마련이 어려워 처음에는 고시원에서 살며 직장생활을 시작했다. 몇 달 뒤 서울살이 하는 딸이 안타까워 부모님이 대출을 받아준 1000만 원으로 보증금을 걸고 월세 50만 원 하는 5평짜리 원룸으로 이사했다.

월세도 부담이었는데 여기에 관리비 10만 원, 휴대전화와 인터넷 통신비 10만 원, 교통비 5만 원이 고정 지출로 나갔다. 문제는 식비였다. 강남에 있는 회사라고 좋아했는데 구내식당이 없어 매번 밖에서 사 먹는 밥값이 장난이 아니었다. 한 끼에 평균 7000원, 거기에 식후에는 왜 이리 브랜드 커피만 찾는지 혼자 안 먹겠다고 할 수 없어 4000, 5000원 하는 지출이 더해졌다. 그리하여 식비만 한 달 평균 60만 원.

수입	급여 세후 182만 원
지출	총 135만 원
	(월세 50만 원 + 관리비 10만 원 + 통신비 10만 원 + 교통비 5만 원 + 식비 60만 원)
남은 금액	47만 원

　남은 돈 47만 원으로 학자금 대출을 조금씩 갚고 부모님 용돈도 조금 드리면 정말 남는 게 없었다. 옷은커녕 치킨 한 마리 시켜 먹는 것도 부담이었다. 그런데 그 와중에 미래를 위해 저축도 하긴 했다. 청약통장에 5만 원을 넣고 적금통장에 10만 원을 넣었다. 매년 급여가 오르면 저축액도 늘어날 것으로 믿었는데 회사가 어렵다는 이유로 2년간 급여는 동결됐고, 5년 차가 되어서야 겨우 연봉 2800만 원이 되었다.

　1년에 200만 원을 겨우 모았다. 그렇게 5년이 흘러 통장 잔고 1000만 원. 나이는 서른하나. 학자금 대출금은 여전히 남아 있고 부모님도 형편이 어려워져 보증금마저 빼야 했기에 현재는 보증금 없는 두 평짜리 고시텔에서 산다고 했다. 고민 끝에 회사에 연봉 이야기를 꺼냈는데, 회사는 사정이 어렵다며 선배 언니를 내보내고 이제 막 졸업한 특성화고 여학생을 채용했다. 자격 요건이 전공 무관, 고졸 이상이었던 이유가 있었다.

　이러한 상황에서 털어놓을 수 있는 상대는 친구 A뿐이었는데 본인과 사정이 너무 달랐다. 원래 집이 서울이었던 A는 취업과 동시에 출퇴근이 가능했다. 먹고 자는 데 돈이 들어가지 않았다. 부모님은 딸이 버는 돈은 시집갈 때 쓰라며 따로 용돈도 주고 필요할 때는 옷도 사주셨다. A는 본인이 버는 돈 대부분을 저축했고 조금씩 쪼개서 휴가 기간에는 여행을 다니거나 자기계발을 위해 학원도 다녔다.

학교 다닐 때는 다를 것이 없는 것 같았는데 시간이 갈수록 사는 모습이 달라졌고, 지금은 불편한 마음에 A의 연락도 피하는 입장이 되었다. 낯선 서울에서 쉼 없이 노력하고 달려왔는데 여전히 자리를 잡지 못하고 방황하고 있는 자신이 한없이 처량하다고 했다. 서울 평균 집값이 7억 원이라는데, 100년을 일해도 못 살 것 같다. 이런 상황에서 TV에서는 오늘도 채용 비리 소식이 쏟아진다. 은행에서는 아버지가 아들을 면접 보고 공공기관에서는 국회의원이 친인척 채용을 의뢰했다는 있을 수 없는 이야기가 현실이 되어 전해진다.

고용빙하기 헬조선, N포세대의 절망

'하면 된다'가 아니라 '해도 안 된다'가 현실인 걸까. 하지 않겠다는 것이 아니라 해도 안 되니까 하고 싶지 않은 거다. 그럼에도 불구하고 기성세대는 탄식하며 타이른다. 너희들은 배고픔을 모른다고. 그러나 지금은 '헝그리 정신'으로 버텨왔던 시절과는 다르다. 계란으로 바위 치기를 아무리 해봐도 답이 없다. 모두가 배고팠던 시절과 나만 배고파 보이는 오늘은 다르다. 개천에서 용이 난다는 말도 전설이 된 지 오래다.

연애, 결혼, 출산을 포기한 삼포세대라고들 했다. 연애? 돈 있어야 한다. 결혼? 돈 있어야 한다. 출산? 돈 있어야 한다. 하기 싫어 안 하는 게 아니라 할 수 없다는 것을 우리 스스로가 너무나 잘 안다. 제대로 된 취업 자리를 구하기 힘들고, 들어간다고 해도 10년도 다니지 못하고 쫓겨 나오는 것이 현실이다. 내 집 마련은 꿈같은 이야기가 되고, 인간관계를 유지하는 것마저도 쉽지 않다. 그렇게 '내 집 마련'과 '인간관계'까지 포기해서 '오포세대'가 되고, 결국에는 꿈과 희망까지 버리고 사는 N포세대가 된다.

어른들이 살아왔던 삶을 부정하는 게 아니다. 우리도 그렇게 살고 싶지만 그렇게 살 수 없는 세상이 되었다. '남들보다'가 아니라 그저 '남들처럼'만이라도 살고 싶다. 대체 이 절망의 늪 같은 헬조선 어디에서, 어떻게 희망을 찾아야 할까?

진로 교육과
취업 교육의 현실

대학교 4학년 학생과 특성화고 3학년 학생이 서로 정반대의 말을 한다.

"이럴 거면 차라리 대학에 가지 않고 취업해서 돈이라도 빨리 벌 걸."

"아무리 생각해도 그냥 대학을 갔어야……."

걱정으로 굳어지는 얼굴들. 웃고 있지만 웃는 게 아니다. 그래도 다행이다. 걱정하는 게 정상이다. 걱정해야 문제를 해결할 수 있다. 근육을 만들려면 먼저 근육이 찢어지는 아픔을 견뎌야 하는 것처럼 말이다.

대학교 졸업반 학생들에게 언제로 돌아가고 싶냐고 물어보면, 예전에는 '대학교 1학년'이라고 하는 아이들이 많았는데 요즘은 중학교 시절로 돌아가서 특성화고에 가겠다고 한다. 대학 나와도 어차피 취업이 잘 안되니 시간이 아깝다는 것이다.

그러나 특성화고 아이들 역시 '취업이 어렵다'는 이유로 자신의 선택을 후회한다. 이명박 정권이 들어섰던 2008년부터 정부의 직업계고등학교 우대정책으로 큰 인기를 끌었던 특성화고. 대통령이 직접 나서 취업률 80%를 약속했지만 현실은? 그렇지가 못하다.

대졸 취업이 안 되는데 고졸 취업이라고 잘될 리 없다. 학생들은 실습 나갈 업체를 구하는 것도 어렵다. 자신의 진로를 빨리 찾아가도록 한다는 것이 특성화고 진학의 이유인데, 현장에서 주어지는 일자리는 자신과 맞지 않는 곳이 대부분이다. 정부가 고졸 채용을 독려하고 기업이 특별 채용을 하기는 하지만 경쟁률은 대기업 공채, 공무원 시험 경쟁률과 다르지 않으며 나머지는 제조업 기반의 일자리들이다. 그래서 현장에 나가면 학생들이 버티지 못하고 돌아온다. 그런데 현장을 모르는 어른들은 아이들을 나무란다. 그것도 못 참느냐고. 그야말로 속 터지는 소리다.

특성화고의 딜레마

언젠가 모 기관에서 진로 체험 프로그램을 진행한 적이 있다. 아이들을 데리고 부모님 일터를 방문했다. 취지는 엄마 아빠가 일하는 모습을 보며 꿈을 갖자는 것이었으나 정작 부모님의 모습을 보고 아이들은 눈물바다가 됐다. 힘들게 일하는 부모님이 가여워서, 그렇게 일하는 어른이 되고 싶지 않아서. 반대로 부모님과 함께 특성화고 학생들이 일하는 현장에 가본 적도 있다. 이번에는 부모님 눈에서 피눈물이 난다. 내 새끼가 일하는 현장. 어쩔 수 없는 현실이지만 인정하기 쉽지 않다. 특성화고를 졸업해서 대기업에 가는 학생들은 몇 없다. 중소기업 현실상 드라마에서 나오는 회사 분위기와 환경을 기대할 수 없다. 그나마 아이들에게 가장 많은 영향을 주는 것이 학교 선배들인데, 그들에게서는 꿈도 비전도 찾아보기 어렵다. 그러니까 고민한다. "차라리 대학에 갈걸……."

그럼 채용하는 사람의 입장은 어떨까. 언젠가 정부 사업을 위탁받아 특성화고와 전문대 학생들을 우수한 중소기업체에 연결해주는 프로젝트를 진행한 적이 있다. 그때 제조업체 고용주와의 간담회에서는 이런 불만이 쏟아졌다.

"우리가 특성화고 학생들을 채용할 때 어떤 고민을 하는 줄 압니까?"

배고픔도 모르고 돈 귀한 줄도 몰라서 조금만 힘들면 그만두고 나간다고 하고, 게다가 군대 문제가 해결되지 않은 상황이니 어떻게 일을 가르치고 또 제대할 때까지 기다리겠냐고 했다. 더 황당한 건 자신이 선택한 과가 맞지 않는 아이들이 대부분이라서 회사에서 비전도 가지지 못한다는 말을 했다. 분한 마음을 감출 수 없었지만 할 말이 없었다. 정말 아이러니하다. 대학생들은 특성화고 학생들이 낫다고 부러워하고, 특성화고 학생들은 대학 갈 준비를 하고 있으니 말이다.

모든 것은 우리 잘못이 아니다

사실 이 풀기 힘든 문제의 끝은 진로나 취업 교육의 문제로 귀결된다. 다행히도 지금 학교 안에선 실효성을 떠나 다양한 진로 교육이 이뤄지고 있다. 점차 많은 시행착오와 과정을 거쳐 우리 청소년들에게 알맞은 진로 교육이 공교육으로 자리 잡을 날이 머지않은 듯하다. 이미 자유학기제와 자유학년제가 실시되고 있고 체계적인 진로 교육이 초등학교부터 시작되고 있다.

그런 부분에서 지금 이 책을 읽고 있을 구직자와 직장인은 불행한 세대다. 진로교육은커녕 초등학교 이후부턴 장래희망보다 등급으로 나뉘는 성적이 중요했던 학창 시절을 거쳤다. 우리가 배웠던 진로 공식 중 하나는 일단 공부를 잘하면 그다음은 쉽다는 것이었다. '정해진 공식만 줄줄 외던 내게 갑자기 자유롭게 꿈을 말하라니.' 전공이 일치하지 않는 것도, 취업 후에도 월급날만 기다리며 매일같이 퇴사를 꿈꾸는 것도 모두 우리 잘못은 아니다. 그냥 예견된 일이었다.

진로 교육은 시간을 투자하면 투자할수록 내 인생에 대한 확신이 생길 수 있도록 하는 일이다. 효과적인 학습법과 업종 및 기업별 취업백서가 고기를 어떻게 잡는가에 대한 답이라면, 진로 교육은 고기를 왜 잡아야 하는지, 어떤 고기를 잡고 싶은지에 대한 답이다. 고기를 한창 잡아야 할 시기에 '나는 왜 고기를 잡고 있는가?'에 대한 고민이 시작되면, 고기를 잘 잡는 어떤 멋진 방법을 들려준다 한들 들리지 않는다. 고기를 잡는 일 자체가 무의미하게 느껴지기 때문이다.

그러니 고기를 잡는 시기가 오기 전에, 왜 고기를 잡아야 하는지 답을 내려야 한다. 우리는 그 시기를 놓친 채 망망대해에 떠운 고깃배에 올라와 있는 것과 같다. 혹시라도 부모님 혹은 주변 어른들이 '낚싯대와 미끼까지, 필요한 것은 모두 손에 쥐어줬는데 왜 고기를 잡지 않냐?'고 묻는다면 너무 위축되지 않길 바란다. 고기를 잡는 이유에 대한 답을 찾을 시간이 필요할 뿐이다.

분명한 것은 늦게나마 진로 목표를 제대로 세운 친구들은 놓친 시간이 아깝지 않을 만큼 놀라운 속도로 커리어를 쌓는다는 점이다. 빠르게 진로를 찾아야 하지만, 조급하게 진로를 포기해서는 안 된다. 포기하는 만큼 언젠가 돌아가야 하기 때문이다.

Part 3 진로를 어떻게 찾아야 하는가?

: '빠른' 선택이 아니라 '바른' 선택을 하는 법

중요한 것은 빠른 취업이 아니라
바른 취업이다

꿈이 없는 게 아니라
경험이 없는 것이다

"꿈은 없고요, 그냥 놀고 싶습니다."

〈무한도전〉에서 개그맨 박명수가 남긴 이 한마디는 많은 이들 사이에서 회자됐다. 웃기려고 한 말인데 많은 사람들이 격하게 공감했다. 방황하는 우리들에게 세상은 그리 따뜻하지가 못하다. '뭘 할 거냐, 어떻게 살거냐, 잘하는 게 뭐냐'고 정색하고 묻기 바쁘다. 청년들 자신도 사실은 답을 모르겠는데, 모르는 게 잘못도 아니고 틀린 것도 아닌데, 모르겠다고하면 돌아올 반응은 뻔하다. 한심하다는 타박이나 안타깝다는 시선. 그러니 "꿈은 없고, 그냥 놀고 싶다"라는 항변은 얼마나 속 시원한가.

꿈이 없다고 죄책감을 가질 이유는 없다. 그런데 한번 생각해보자. 왜 꿈이 없을까? 꿈은 그냥 저절로 생기는 게 아니고 찾는 것인데, 우리는 그 '찾는 법'을 배운 적이 없다. 국어, 영어, 수학이라는 과목은 있어도

'꿈'이라는 과목은 없었다. 국어, 영어, 수학을 공부하느라 바빴기 때문에 '꿈'은 생각할 겨를도 없었다. 한창 꿈을 꿔야 할 나이에는 입시지옥에 있었고, 꿈을 현실로 만들어야 하는 대학에서도 취업 스펙의 늪에 빠져 있었던 것이다.

기회가 모두에게 공평한 것은 아니다

내가 대한민국인재상 대통령상 수상자를 배출하고 은사로 선정돼 꽤 화제가 된 덕에, 강남에 있는 학원에서 연락이 온 적이 있다. 학원에서 특별강의를 해달라는 거였다. 당시는 교직원 신분이었기 때문에 정중히 제안을 거절했는데, 3년 뒤 학교를 퇴사하고 창업을 한 후에 다시 연락을 받았다. 이번에는 거절할 이유가 없어 열심히 해보겠다고 하고 학원으로 갔다.

그런데 강의 시작 시간이 다 되었는데도 강의실에 학생이 아무도 없었다. 이상하다 생각하던 찰나에 초등학생 한 명이 강의실로 들어와 앉더니 나에게 인사를 하고 말했다.

"이제 시작하셔도 돼요."

의아해서 내가 물었다.

"너 혼자 듣는 거야?"

그 친구가 고개를 끄덕였다. 알고 보니 강의실과 수업 시간을 통째로 산 거였다. 강의 전에 그런 얘기는 못 들었으니 많이 당황스러웠고, 이런 수업인 줄 알았으면 오지 않았을 거라는 생각에 만감이 교차했지만, 하기로 한 강의니 약속은 지켜야 했다.

고3의 표정을 하고 나를 바라보는 아이, 농담이라도 해보려고 말을 걸었다.

"너는 무슨 음식 좋아하니?"

웃자고 던진 말인데 아이는 너무도 진지하게 대답을 했다.

"원래 수블라키(그리스 음식)를 좋아했는데, 요즘은 파에야(스페인 음식)가 좋아요."

"……."

당신도 한번 답해보자. 당신은 그리스 음식, 스페인 음식을 좋아하는가? 아마 대부분의 학생이 모르겠다고 할 것이다. 좋아하는지, 싫어하는지 모르는 것이다. 먹어본 경험이 없으니까. 먹어봐야 내 식성에 맞는지 아닌지 알 수 있고, 좋아할지 싫어할지를 선택할 수 있다. 매일 먹는 것들이 피자, 치킨, 떡볶이라서 가장 좋아하는 음식이 피자, 치킨, 떡볶이가 되는 것이다. 즉, 직접 해보는 것과 해보지 않는 것에는 분명한 차이가 있는 셈이다.

꿈이 없는 게 아니다. 경험을 하지 못한 것이다. 많은 경험을 해봐야 이런저런 꿈도 꾸는데, 해보지 않았으니 어떤 꿈을 꿀 수 있는지도 모르는 것이다. 더욱이 대개의 경험은 돈과 시간을 들여야 할 수 있다. 경험의 기회가 언제나 모두에게 공평하게 주어지는 것은 아니라는 말이다. 이러한 이유로 경제 수준의 격차가 경험의 격차로 이어지지 않도록 공교육이 자리 잡아야 하는데, 여전히 갈 길이 멀다.

그럼에도 손 놓고 있을 수는 없다. 모든 것을 원하는 대로 다 경험해볼 수 없다면, 내가 할 수 있고 또 내게 적합한 경험들을 추리고 설계해가는 과정이 필요하다. 그게 진로 탐색이고 진로 설계다. 학창 시절 제대로 경험해보지 못했던 진로 탐색과 진로 설계의 여정, 아직 늦지 않았다. 지금이라도 다시 시작해보는 것이다.

당신이 알고 있는 직업의 개수는 얼마나 되는가? 사람들은 평균 50개 정도의 직업을 안다고 한다. 50개도 모르는 사람이 더 많을지도 모르겠다. 그렇다면 대한민국에 직업은 몇 개나 있을까? 한국고용정보원의 『한국직업사전』에 따르면, 2016년 기준으로 1만 1927개의 직업이 등재되어 있다. 1만 가지를 훌쩍 넘는 직업 가운데 우리가 주변에서 보고 들어서 알고 있는 직업은 불과 몇십 개가 전부인 셈이다. 그리고 그게 내가 선택할 수 있는 직업이 된다. 어쩌면 어딘가에 내게 딱 맞는 직업이 있는데도 죽을 때까지 그 직업의 이름조차 듣지 못한 채 생을 마감할지도 모른다.

결국, 진로와 직업을 탐색하기 위해선 경험이 시작이고, 경험이 핵심 키워드다. 그래서 가능한 한 다양한 경험을 해봐야 한다. 돈이 많이 드는 화려한 경험만이 경험이 아니다. 익숙한 곳에서 해본 것들만 하던 습성에서 벗어나보자. 낯선 곳에서 해보지 않았던 일을 경험해보자. 그러다 보면 자신에게 흥미를 주는 것을 만나게 된다. 많은 사람을 만나봐야 내게 맞는 사람을 찾을 수 있는 것처럼 내 진로도 직업도 마찬가지다.

물론 가장 이상적인 것은 어린 시절에 많은 경험을 하는 것이다. 진로 탐색을 통해 과정을 설계하고 적성에 맞는 전공을 택해 직업을 가질 수 있다면 가장 좋을 것이다. 그게 끝은 아니다. 취업 후에도 경험은 이어진다. 한 직장에서 평생을 다니는 사람은 이제 거의 없다. 진로와 직업은 계단 하나 오르고 끝나는 일이 아니라 두 번째, 세 번째 계단으로 이어지는 평생의 여정이다. 그래서 지금 어느 단계에 서 있든, 우리는 그다음 계단을 준비하게 되어 있다. 경험을 통해 계속 진화하는 것이다.

그럼 어떻게 경험을 설계해야 좋을까? 내게 맞는 진로와 직업을 찾으려면, 다양한 정보를 탐색하고 세상에 어떤 직업들이 있는지를 알아야 하는데, 광범위한 정보를 무턱대고 탐색하기에는 어려움이 있다. 그래서 '나' 자신에 대해 탐색하는 일이 필요하다. 그래야 방향을 잡을 수 있고, 구체화해나갈 수 있다. 그 과정에서 관심이 가는 직업이 바뀔 수도 있고, 희망하는 직업을 새롭게 발견할 수도 있다. 지금까지 전공과 직무를 공부하는 시간은 많았어도 나를 공부해본 경험은 없었을 것이다. 안타까운 일이지만, 괜찮다.

이제부터 다시 시작해보자. 나를 제대로 알기 위한 '자기 이해의 과정'부터 말이다. 내가 좋아하는 일, 내가 하고 싶은 일은 뭘까? 내 적성에 맞는 일은 어떻게 찾을 수 있을까?

내 적성을 이해하고
재발견하는 법

공부를 포기할 때나 일을 포기할 때, 우리는 흔히 이런 말을 내뱉는다. "아무리 생각해도 내 적성에 안 맞아."

물론 그럴 수도 있다. 그런데 다시 한번 깊이 생각해보자. 적성에 안 맞아서 포기하는 거라면, 내 적성에 맞는 것은 뭔지 안다는 뜻인가? 정말 적성에 안 맞는다고 확신하는가, 아니면 적성에 맞는지 안 맞는지 모르겠다는 것인가?

그렇다, 사실은 모를 뿐이다. 앞서도 이야기했듯이, 적성이 아니라 성적을, 바른 취업이 아니라 빠른 취업을 택했기 때문에 우리는 우리의 적성을 잘 모른다. 안 맞는 것이 아니라 몰라서 견디지를 못할 뿐이다.

일찍부터 공부나 예술이나 체육 분야에서 자신의 적성을 찾은 타고난 사람들도 있다. 그러나 나를 포함한 대부분은 애매한 위치에 있다. 어떤 공부를 특별히 잘하는 것도 못하는 것도 아니고, 그렇다고 노래를 잘하는 것도 못하는 것도 아니고, 운동을 잘하는 것도 못하는 것도 아니다. 그냥 전형적인 보통의 사람들이다. 눈에 띄는 적성을 갖고 있는 게 아니기 때문에 찾아야 하는데, 학교와 학원을 오가며 입시 전쟁을 치렀을 뿐 적성은 찾지 못했다.

그렇다면 적성이란 게 뭘까? 사전적 정의는 어떤 일에 알맞은 성질이나 적응 능력을 말한다. 어렵다. 쉽게 말해보자. 적성은 '잘하는 것' 혹은 '잘할 수 있는 것'이다. 적성에는 '선천적 적성'과 '후천적 적성'이 있다.

노력의 비밀

선천적 적성은 타고난 재능과 관련되어 있다. 숨기려 해도 티가 나는 것이다. 〈영재발굴단〉이라는 프로그램이 있다. 4살 수학천재, 5살 피아노 천재, 6살 언어천재가 나오는데, 이들처럼 특별한 재능을 타고나는 영재들이 선천적 적성을 갖는 경우다. 그 아이들을 보고 있으면 나도 모르게 자괴감이 든다. 그러나 슬퍼하지 말자. 후천적 적성도 있으니까.

후천적 적성은 노력으로 기를 수 있다. 처음부터 능숙하진 않지만 연습과 훈련으로 잘할 수 있게 되는 경우다. 〈생활의 달인〉을 보면, 각 분야의 달인이 많이 나온다. 30년간 두부만 만든 두부의 달인, 40년간 칼을 만든 칼의 달인이 나온다. 그러니까 노력하면 될 수도 있다. 같은 일을 반복해서 하다 보면 적성이 될 수도 있다는 말이다.

노력 ▶ 적성

　회사에서 상사가 신입직원들을 두고 "일 시켜보면 큰 차이 없다. 잘하는 친구나 못하는 친구나 3년 정도 일하면 크게 다르지 않다"라고 하는 것도 어느 정도 일리가 있는 말인 셈이다. 시간과 노력은 그 일을 '잘할 수 있도록' 해준다. 그 과정이 쌓이면 경력이 되는 것이다.

　그러나 우리는 공부를 목표로 할 때 이미 배운 것이 있다. 노력이 마음처럼 쉽지 않다는 것을. 시험 범위를 알면서도 의자에 엉덩이 붙이는 일은 쉽지 않다. 노력해서 시험 범위만 외우면 점수를 잘 받을 수 있다는 것을 알지만, 자꾸 몸은 침대로 향했다. 그럼 어쩌란 말인가? 쉽게 생각해보자. 우리가 시간 가는 줄도 모르고 노력할 때는 언제인가?

　성별로 일반화하는 것은 바람직하지 않지만, 이해하기 쉽도록 그동안의 경험에 비추어 이야기해보겠다. 남학생은 게임, 여학생은 쇼핑. PC방에 가보자. 어느 때보다 열정적인 남학생들을 만난다. 끼니까지 거르며, 조는 친구는 서로 깨워가며 열심이다. 혹여 여자친구나 엄마의 연락에 PC방을 떠나야 하는 순간이 올까 봐 휴대전화 진동 소리마저 두렵다. 여학생들이 인터넷 쇼핑으로 옷을 고르고, 복잡한 쇼핑센터에서 물건을 고를 때의 분석력과 집중력 역시 대단하다. 아내와 쇼핑하면 내게 맞는 최적의 옷을 고를 수 있다. 아내는 허리선의 위치부터 내 피부에 맞는 색상의 미묘한 차이까지 완벽하게 집어낸다.

그렇다면, 우리는 왜 게임이나 쇼핑을 할 때처럼 공부를 하지 않을까? 공부와 게임, 쇼핑의 차이는 뭘까? 일과 게임, 쇼핑의 차이는? 그렇다. 재미다. 내가 하는 공부와 일이 결정적으로 재미가 없는 것이다. 성공을 하려면 노력이 쌓여야 한다. 근데 노력하려면? 결국 재밌어야 한다.

앞서도 이야기했듯이, 나는 내가 하고 있는 일이 재미있었고, 지금도 재미있다. 휴일 없이 보냈던 주 80시간의 노동은 고됐지만 시간 가는 줄 몰랐고, 때때로 게임하는 것 같은 긴장과 쾌감을 느꼈다. 누군가에게는 영업이 그렇고, 누군가에게는 마케팅이, 또 다른 누군가에게는 연구개발이 그럴 수 있다. 직무마다 그 일을 즐기는 사람이 꼭 있다. 그런 친구는 직업적으로 성공할 확률이 높다. 내게 회사는 지옥과도 같은데, 옆에 동료에게는 직장이 피시방 혹은 쇼핑몰인 것이다. 아주 유명한 명언도 있지 않은가?

知之者 不如好之者, 好之者 不如樂之者
지지자 불여호지자, 호지자 불여락지자.

알기만 하는 사람은 좋아하는 사람만 못하고,
좋아하는 사람은 즐기는 사람만 못하다.

공자의 『논어』에 나오는 말이다. 아주 오랜 옛날부터 이 간단한 법칙을 공자는 알고 있었다. 어떤 일이 미치도록 재미있다면, 후천적 적성으로

109

만들 수 있다. 지금 당신이 하려는 그 일에서 성공하고 싶은가? 그전에 스스로에게 물어보자. 당신이 하려는 그 일, 재미있는가?

소질이 될 수 있는 흥미 찾기

재미는 결국 흥미를 말한다. 재미를 찾는 것은 내가 흥미를 갖고 있는 것이 무엇인지 생각해보는 일이다. 이렇게 이야기하면 어떤 사람들은 실망한다. "내가 뭘 재미있어하는지 잘 모르겠는데요"라고 무한 도돌이표가 이어진다. 재미있어하는 일을 적어보라고 해도 보통은 다 비슷한 것을 적는다. 괜찮다. 처음부터 내 흥미를 찾아내는 것이 아니라 그것이 왜 재미있는지를 찾아내는 것이 더 중요하다. 이 과정이 반복되고, 쌓이면 비로소 나의 흥미가 보인다.

예를 들어, 흔히 나오는 것 중 하나가 게임이다. 똑같이 게임을 하더라도 재미있는 이유는 다를 수 있다. 누군가와 함께 즐기는 것이 좋은 사람이 있고, 경쟁에서 이기는 것이 짜릿한 사람도 있다. 또는 혼자서 어려운 문제를 해결하거나 새로운 게임을 시도해보는 것에서 재미를 느끼는 사

람도 있다.

나는 게임을 좋아하지만 경쟁하는 것은 싫어한다. 혼자서 이것저것 눌러보며 어떻게 만들어졌는지 분석하는 것을 좋아한다. 이런 성향은 내가 하고 있는 일에서 그대로 나타난다. 진로와 취업에 고민을 가진 사람들이 오면 나는 관련 데이터를 가지고 분석한다. 없는 것을 만들어주는 것이 아니라 그들이 가진 것을 이끌어내고 재조합해서 최선의 솔루션을 내고자 한다. 이 과정이 재미있는 것이다. 게임을 재미있어한다고 다 프로게이머가 되는 게 아니다. 게임에 대한 흥미에서 진로 설정의 힌트를 얻을 수 있는 것이다.

정리하자면, 적성은 내가 흥미를 느끼는 일에서 노력했을 때 길러지는 능력이다. 그럼 흥미를 느끼는 일은 어떻게 찾느냐. 그건 앞에서 강조한 '경험'이 답일 수밖에 없다. 경험을 해봐야 내가 무엇에서 흥미를 느끼는지 알 수 있는 것이다.

이런 탐색 과정과 경험의 반복으로 흥미를 느끼는 일을 찾았다고 해보자. 그럼 이제 열심히 노력하면 되는 건가? 아니다. 아직 알아야 할 것이 한 가지 더 남아 있다.

우린 취미를 고르는 것이 아니다. 직업을 찾고 있다. 직업은 돈을 받는

일이다. 돈을 받으려면 어떻게 해야 하는가? 잘해야 한다. 흥미에는 소질이 있는 것과 없는 것이 있다. 이를테면, 나는 재미가 있어서 이렇게도 해보고 저렇게도 해봤는데 사람들이 잘한다고 하고, 그에 대한 보상도 주는 것. 그걸 찾아야 한다. 시간과 노력을 투자했을 때 남들과 다른 나만의 무기가 되는 것을 전용성 소질 혹은 재능이라 부른다.

소질이 될 수 없는 흥미를 직업으로 갖긴 힘들다. 노래 부르는 것을 좋아하지만, 매일같이 불러도 점수가 늘 50점이라면 가수로 성공할 수 있을까? 불가능한 것은 아니지만 확률적으로는 어렵다. 가수가 직업이 되려면 최소한 음치는 아니어야 한다.

정답은 없지만 최선의 선택은 있다

소질이 있는 흥미는 노력을 통해 적성으로 기를 수 있으며, 그 적성이 직업으로 이어져야 한다.

그러나 이런 공식을 알아도 다음 단계로 나아가기 힘든 이유가 뭘까?

재미있는데 소질까지 있는 일을 한 번에 찾기란 기적과도 같기 때문이다.

일을 찾는 재미의 범위를 넓혀보자. 예를 들어, 게임을 아무리 좋아해도 '일'이 되면 게임도 스트레스가 된다. 어떤 분야든 그렇다. 그러나 흥미 있는 것을 업으로 삼으면 버틸 수 있는 힘이 생긴다. 게임에 흥미가 전혀 없는 사람에 비해 게임을 좋아하는 사람은 게임 회사에서 비교적 더 잘 버티며 일할 수 있을 것이다. 이렇게도 생각해보자. 학창 시절 내내 발표도 잘하고 대중 앞에 서는 것을 두려워하지 않았던 학생이 있다. 이런 학생이 아나운서나 강사와 같은 직무에 종사한다면 어떨까? 내향적인 학생에 비해 빠르게 성과를 낼 수 있을 것이다. 좋은 성과는 일을 지속적으로 이어나갈 수 있는 원동력이 된다.

박태환이나 김연아처럼 타고난 운명 같은 업을 찾을 필요는 없다. 같은 직무에서 같은 환경이 주어질 때, 남들보다 더 버틸 수 있고 그 시간을 쌓아 경력으로 만들 수 있다면 그것도 적성이다. 이런 과정이 반복되면 나도 모르는 사이 특정 직무의 전문가로 성장할 수 있는 발판이 생긴다. 버티다 보니 소질이 되는 것이다. 나는 이 과정을 '최선의 선택'이라 부른다. 성인에게는 진로를 고민할 시간이 늘 부족하기 때문에 최선의 선택이 절대적으로 필요하다.

직업을 선택하는 조건에 흥미나 적성만 있을까? 이 두 가지가 가장 중요한 요소이긴 하지만, 그것만 있는 것은 아니다. 살면서 이런 사람을 만나본 적이 있을 것이다. 누가 봐도 자신의 일에 흥미도 없고, 적성에도 안 맞는 것처럼 보인다. 그럼에도 그 업을 지속하는 경우다. 누군가는 흥미나 적성이 아니라, 다른 요소로 직업을 결정하고 만족하기도 한다. 이를

테면 돈을 많이 준다든가, 적성은 아니지만 딱히 나갈 이유가 없는 회사라든가. 이는 성격 혹은 가치관이 그 직업과 잘 맞는 경우다.

외향적인지, 내향적인지 혹은 그룹으로 일하는 것이 편한지, 개인으로 일하는 것이 편한지 등 사람의 성격마다 편한 직무 환경과 스타일은 제각각이다. 아무리 쇼핑을 좋아해도 내성적인 사람이 여러 청중 앞에서 '쇼핑 잘하는 방법'을 교육하는 일을 한다면, 일에서 받는 스트레스가 매우 높을 것이다. 반대로 외향적인 사람에게 사무실에서 하루종일 쇼핑몰 회계만 보라고 하는 것은 고문과 같을 수 있다. 내 성격을 알아야 내게 맞는 직무 환경을 고려해볼 수 있다.

그럼 가치관은 무엇일까? 단순하다. 일을 통해 바라는 바다. 누군가는 성취감일 수 있고, 누군가는 사회적인 인정일 수 있다. 만약 직업 가치관에서 '돈'이 차지하는 비중이 높다면, 보수가 어느 정도 보장된 직장이 중요할 것이다. 적성이나 성격에 안 맞는 일이라도 월급날만을 기다리며 버틸지도 모른다. 반대로 다른 사람을 돕고자 하는 사람이 사회복지사를 직업으로 갖는다면 어떨까? 급여는 높지 않아도 일 자체에서 오는 보람과 만족감이 있을 것이다.

진로를 결정할 때 최적의 조합은 재미있는데(흥미), 잘하기까지 하고(적성), 일의 스타일이 내게 잘 맞고(성격), 일을 통해 원하는 보상(가치관)까지 잘 맞는 경우다. 다음의 그림에서 보는 바와 같이 D가 되겠다.

만약, 그런 일을 찾을 수 없다면? 차선책을 고르면 된다. 만약 D가 없다면, 적성과 흥미, 성격의 세 가지 항목이 일치하는 C가 최선의 선택이될 것이다. E도 흥미, 성격, 가치관 세 가지 항목이 일치하지만, 취업은

취미를 고르는 것이 아니라 돈을 버는 일이기에 보통 적성을 우선순위에 둔다. 이 때문에 C가 먼저, 그다음 선택지가 E가 되겠다. 다음 차선책은? 적성과 흥미가 일치하는 B다. 그다음은 성격과 가치관이 일치하는 F다.

만약, 적성만 맞는 A를 선택하면 어떨까? 성과는 좋아도 성격과 흥미, 가치관이 일과 맞지 않으니 하루하루가 스트레스일 것이다. 가치관만 맞는 G를 선택하면 어떤 일이 일어날까? 만약 가치관이 돈이라면, 월급이 들어올 날만을 기다리며 별다른 성과나 재미도 없이 하루를 견뎌야 할 것이다. 이렇게 A와 G처럼 다른 항목과 접점이 없는 직업은 지양해야 한다.

진로를 찾는 일은 반드시 D를 찾아야 하는 과정이 아니다. 적어도 A와 G는 지우고 C, E, B를 찾아내는 최선의 과정인 것이다. 결국, 우리가 진로를 찾아야 하는 진정한 이유는 직업이 삶을 망치는 최악의 선택을 피하기 위해서다.

기업에서 인적성 검사를 실시하는 것도 결국은 개인의 특성을 파악해 가장 적합한 직무에 배치하기 위함이다. 사람을 뽑고 나서 억지로 일에 맞추기보다 그 일에 알맞을 사람을 뽑고자 하는 것이다. 그러나 우리는 인적성도 학습을 한다. 내게 맞는 일인지보다 뽑히는 것이 중요하니까 일에 맞도록 나를 포장하는 것이다. 그렇게 취업을 하기 때문에 적성에 맞지 않는다는 이유로 회사를 떠나게 되는 것인데도 말이다.

그러니 자기 이해 과정을 건너뛰고 취업을 논하지 말자. 어떤 길을 선택할지 기준은 언제나 자신에게 있다. 주어진 자리 채우듯 들어가 시키는 일만 하고 살다 보면 나를 위한 일이 아니라 회사를 위한 노동이 된다. 나를 위한 일을 찾는 것, 그게 우리가 해야 할 바른 선택이다.

적성 탐색을 위한 심리검사,
어떻게 활용하면 좋을까?

진로 설정과 취업 준비를 하고자 한다면, 나의 특성을 객관적으로 알아볼 수 있는 다양한 직업심리검사나 적성검사들을 활용해보는 것이 좋다. 명심하자. '나'에 대한 충분한 이해 없이 무조건 취업하고 보자는 심정이라면 돌아오는 건 후회뿐이다. 시간을 더 낭비하지 말고 지금 바로 실행해보자.

한국고용정보원에서는 다양한 직업심리검사를 개발해 보급하고 있다. 자신의 다양한 심리적 특성을 객관적으로 살펴볼 수 있도록 함으로써 자신에 대한 다각적인 이해를 돕고, 이러한 정보를 통합해 보다 효율적인 의사 결정을 내릴 수 있도록 도와준다. 누구든 찾아서 직접 해볼 수 있으며, 다음과 같은 검사들이 제공되고 있다.

▶ 워크넷(www.work.go.kr) 〉 직업 · 진로 〉 직업심리검사

직업선호도검사(60분 소요)

개인이 가지고 있는 흥미와 특성을 홀랜드Holand 흥미 이론에 근거해 알아보고(현실형, 탐구형, 예술형, 사회형, 진취형, 관습형), 흥미 특성에 적합한 직업 분야를 확인할 수 있도록 안내해준다. 또한 성격 특성(외향성, 호감성, 성실성, 정서적 불안정성, 경험에 대한 개방성)과 생활사 특성(대인관계 지향, 독립심, 가족 친화, 야망, 학업 성취, 예술성, 운동 선호, 종교성)을 함께 검사함으로써 흥미는 물론 자신의 특성을 통합적으로 이해할 수 있도록 해준다.

성인용 직업적성검사(90분 소요)

자신이 가진 능력(언어력, 수리력, 추리력, 공간지각력, 사물지각력, 상황판단력, 기계능력, 집중력, 색채지각력, 사고유창력, 협응능력)을 파악해 그에 적합한 직업 분야를 알려주고, 희망 직업 분야와 자신의 적성 특성을 비교할 수 있도록 해준다. 성공적인 직무 수행을 기대할 수 있는 직업 분야를 탐색하는 데 도움이 된다.

직업가치관검사(20분 소요)

좋아하는 일이 있고 잘할 수 있는 데도 불구하고 직업에서 중요시하는 가치관과 나의 가치관이 맞지 않는다면 직업에 만족하기 어렵다. 이 검사는 자신이 중요하게 생각하는 가치(성취, 봉사, 개별 활동, 직업 안정, 변화 지향, 몸과 마음의 여유, 영향력 발휘, 지식 추구, 애국, 자율, 금전적 보상, 인정, 실내활동)의 특성과 그에 적합한 직업 정보를 안내해주고 추천 직업 및 희망 직업 분야와 자신의 가치 특성을 비교해준다.

이외에 다음과 같은 검사도 제공하고 있다.

- ▶ **창업적성검사**(20분) 창업 소질 진단, 유리한 창업 분야 안내
- ▶ **직업전환검사**(20분) 전직 희망자에게 적합한 직업 추천
- ▶ **IT직무 기본역량검사**(95분) IT직무 관련 적성 및 인성 요인 파악
- ▶ **영업직무 기본역량검사**(50분) 직무 수행 및 적합 분야 제시
- ▶ **대학생 진로준비도검사**(20분) 진로 발달 수준 및 취업 준비 측정
- ▶ **준고령자 직업선호도검사**(20분) 직업 선택 관련 의사 결정
- ▶ **이주민 취업준비도검사**(60분) 구직 이주민의 고용가능성 평가
- ▶ **중장년 직업역량검사**(25분) 후기 경력 개발을 위한 직업 역량 진단

청소년 대상의 심리검사도 제공한다. 청소년 직업흥미검사(30분), 고등학생 적성검사(65분), 중학생 적성검사(70분), 직업가치관검사(20분), 청소년 진로발달검사(40분), 청소년 직업인성검사(20분/40분), 고교계열 흥미검사(30분), 대학 전공(학과) 흥미검사(30분), 초등학생 진로인식검사(30분)를 해볼 수 있다.

검사 이후

이미 다양한 직업심리검사를 시도해본 학생들은 종종 이렇게 말한다. "그거 도움 안 되던데, 하나도 안 맞아요." 왜 그럴까? 첫째, 당신은 그 검사에 열심히 임하지 않았다. 2시간이 넘는 검사에 최선을 다할 사람이 몇이나 될까? 다음, 전통적인 매칭 방식은 직업 세계의 변화 속도가 빠르고

개인의 역량 차이가 큰 상황에서는 신뢰하기 어렵다. 따라서 보완책이 필요하다. 앞서 검사를 통한 자기 이해는 '남이 보는 나' 즉, 객관적인 것이다. 그럼 '내가 보는 나'는 어떨까? 그래서 주관적인 측면에서의 나를 파악함으로써 보완해야 한다. 간단하다. 종이 하나를 꺼내 다음의 항목을 만들고 빈칸을 채워보자.

적성 항목에 초등학교 때부터 지금까지의 내 적성, 흥미 항목에 초등학교 때부터 지금까지의 내 흥미, 성격 항목에 초등학교 때부터 지금까지의 내 성격적 특성, 그리고 초등학교 때부터 지금까지의 내 가치관을, 망설이지 말고 다 기입해보자.

자, 이제 내가 아는 나와 남이 보는 나 두 가지 항목이 완성되었다. 상담받을 때 반드시 '내가 아는 나' 시트를 완성해서 가자. 큰마음 먹고 상담받으러 가서 온라인 검사하느라 하루 다 보내고 그냥 가는 경우가 많다. 상담 시간은 길어야 한 시간인데 검사만 두 시간이 걸리기 때문이다. 내 손으로 나의 이야기를 적어보고 객관적 검사를 더해서 나를 찾는 과정을 거치자. 이게 바로 성찰이다. 이 단계를 거쳐야 열정을 이길 수 있는 확신을 가질 수 있다.

좋아하는 일과
잘하는 일 사이에서

"좋아하는 일을 하고 살아야 할까요, 아니면 잘하는 일을 하고 살아야 할까요?"

초등학생부터 퇴직을 앞둔 중년까지 나를 찾아와 같은 질문을 던진다. 좋아하는 일과 잘하는 일 모두를 모르는 사람도 많지만, 잘하는 일과 좋아하는 일 가운데서 혼란을 겪는 사람도 많다. "인생은 다음 두 가지로 성립된다. 하고 싶지만 할 수 없다. 할 수 있지만 하고 싶지 않다." 독일의 대문호 괴테도 이런 말을 했다고 하니, 하고 싶은 일과 할 수 있는 일에 관한 고민은 모두의 숙명일지도 모르겠다.

이런 질문에 커리어 컨설턴트가 아니라 인생 선배로서 답할 수 있다면 "아직 젊으니 좋아하는 것을 향해 꿈을 펼쳐봐라"라고 말하고 싶을 때가 종종 있다. 마흔을 앞두다 보니, 20대라는 나이는 불가능도 가능케 만들 수 있는 나이처럼 느껴진다. 그래서인지 정말 확신에 차서 구체적인 비전을 가지고 좋아하는 것을 향해 내달리는 젊은 청춘을 보면 응원하고 싶다.

그러나 만약 취업의 관점에서 답하라면, 이야기가 달라진다. 취업은 선택받아야 하는 일이다. 회사 입장에서 볼 때 일을 잘하는 사람과 좋아하는 사람 중 누구를 선택할까? 잘하는 사람이다. 그러니 취업을 하려면 잘하는 것을 직업으로 결정해야 한다. 싫어해도 잘하면 취업이 되지만, 좋아해도 못하면 취업은 어렵다.

좀 더 설명을 덧붙여보자면, '직무'는 잘하는 것을 고르는 것이 최선의 선택이다. 대신 '업종' 선택에서 좋아하는 것을 고려할 수 있다. 물론 업종을 선택할 때 전망, 경우에 따라서는 전공 등 여러 가지 것들을 복합적으로 고려하게 되겠지만, 흥미 역시 고려해야 할 중요한 요소다.

예를 들어, 축구를 좋아한다고 해보자. 취미로 연습 경기를 할 때는 공격수를 하든 수비수를 하든 상관없다. 심지어 져도 큰 타격이 없다. 그러나 이를 직업으로 삼는다면, 프로가 된다면, 게임이 달라진다. 승리를 목적으로 하기 때문에 나는 팀에 기여할 수 있는 포지션을 골라야 한다. 하고 싶은 것이 아니라 가장 잘할 수 있는 포지션을 택해야 한다. 썩 마음에 드는 포지션이 아니더라도 내가 가장 잘할 수 있는 포지션으로 내가 가장 좋아하는 운동을 할 수 있으니 그것이 최선이다.

잘하는 것을 선택하는 길이 언제나 반드시 정답이라는 말이 아니다. 앞에서도 말했지만, 선택의 기준은 자신에게 있다. 적성과 흥미와 성격과 가치관을 고려해서 결국은 나에게 적합한 일을 선택하는 것이다. 그래도 헷갈린다. 과연 어떤 선택이 최선일까? 다음 그림을 보면서 한번 생각해보자.

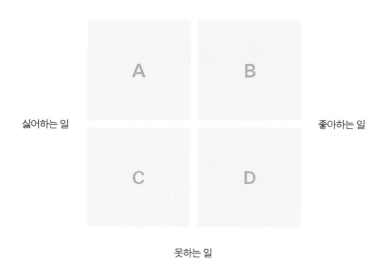

잘하는 일

A   B

싫어하는 일   좋아하는 일

C   D

못하는 일

  선택을 한다면, 우선 C는 가장 먼저 제외된다. 싫어하면서 못하는 일을 직업으로 삼는 경우는 없을 것이다. 가장 이상적인 것은 B다. 좋아하고 잘하는 일을 직업으로 선택할 수 있다면 얼마나 큰 축복인가. 그러나 이런 경우는 아쉽게도 많지 않다. 대개의 우리는 A와 D 사이에서 고민하고 선택한다.

  여기서 짚고 넘어갈 것이 있다. A라고 해서 최고로 잘하는 일이지만 죽을 만큼 싫어하는 일이라는 건 아니다. 일반적으로 말하는 A의 사례는 그나마 할 수 있는 일인데 썩 좋아하지는 않는다는 것이다. D도 마찬가지다. 모든 것을 포기할 수 있을 정도로 좋아하는 것이 아니라 그나마 하고 싶은 일인데 잘하는지 못하는지 판단하기 어렵다는 것이다.

결국 선택은 '무엇이 더 중요한가'에 따라 갈린다. 내 우선순위가 어디에 있는지를 판단해야 하는 것이다. 하고 싶은 일(좋아하는 일), 할 수 있는 일(잘하는 일), 해야 하는 일 중 우선순위를 선택해보자.

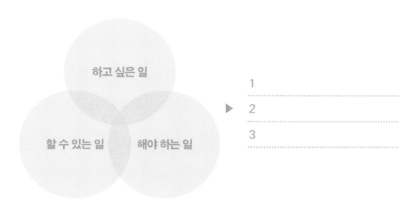

예를 들어, 당장 생계를 책임져야 하는 상황에 있는데 하고 싶은 일(좋아하는 일)을 하라고 충고할 수 없다. 상황도 모르는데 꿈을 찾아 떠나라는 무책임한 조언을 들을 때마다 나는 가슴이 철렁 내려앉는다. 반대로, 경제적으로 여유가 있어서 하고 싶은 일을 찾을 수 있을 때까지 부모님이 얼마든지 지원해주겠다는 사람에게 좋아하는 일보다 무조건 잘하는 일을 선택하라고 말할 수도 없다.

어려서부터 부모님의 권유와 설득으로 잘하는 일을 찾아서 하고 있지만 정작 좋아하는 일은 다른 데 있는 사람도 있다. 이 경우 또한 정답이 무엇인지는 모른다. 일 자체로 행복을 느끼는 사람도 있지만 사람에 따라서는 부모님의 행복이 더 큰 가치가 되는 경우도 있기 때문이다. 결국 하고 싶은 일과 할 수 있는 일의 선택은 개인의 환경과 가치에 따라서 얼마든지 달라질 수 있다.

꿈과 직업을 구분하라

개인에 따라 선택의 우선순위는 달라질 수 있지만, 취업하려면 기본적으로 하고 싶은 일보다 잘하는 일을 고려해야 한다고 말했다. 그럼 하고 싶은 일, 꿈은 버려야 하나? 아니다. 꿈은 있어야 한다. 다만, 꿈과 직업을 구분해서 생각해야 한다. 꿈은 지향점이고, 직업은 과정이기 때문이다.

내가 상담했던 학생들 중에 중소기업에 취업해서 핵심인재로 성장하는 이들이 꽤 있다. 대기업에 취업한 많은 학생이 중도 퇴사와 이직을 하는 와중에도, 그들은 자신의 길을 찾아 한 계단 한 계단 올라섰다. 대기업에 비해 하는 일은 많고 급여는 적은데 오히려 만족도는 높았다. 이유를 찾기 위해 그들을 다시 만났다. 그리고 무심코 넘겨버린 상담일지에서 그 이유를 찾았다.

일을 포기하지 않고 버티는 사람들에게는 공통적으로 꿈이 있었다. 그리고 지금 하고 있는 일이 꿈을 이루는 데 도움이 된다는 믿음도 가지고 있었다. 반대로, 버티지 못하는 사람들은 꿈이 없었다. 어쩔 수 없는 상황이기에 주어진 일을 하는 것이지 일하는 과정에서 행복을 느껴본 경험이 없었다.

앞에서도 한번 이야기했는데, 초창기 취업 상담을 할 때 나는 취업 성공 사례 만들기에 여념이 없었다. 그때는 상담을 하면서 제일 난감한 상황이 직업이 아니라 막연한 꿈을 이야기하는 청춘들과 마주할 때였다. 없는 것을 만들어줄 수 없었고, 보이지 않는 것을 약속할 수 없었다. 나에게 그들은 레고 블록 같았다. 설명서 없이 만들어져 호랑이인지 토끼인지 알수 없는, 불필요한 스펙으로 덩치만 커진 레고 블록. 나는 잘못 조립된 블록을 부수고 그들이 가진 블록으로 만들 수 있는 최선의 제품을 선택해 설명서대로 조립을 했다.

그게 잘못이었다. 어설펐던 그들의 첫 모습을 잘못된 것으로 판단했고, 최선의 제품이라는 기준도 설명서도 내가 선택했다. 무엇을 만들고 싶었는지, 왜 만들고 싶었는지 제대로 물어보지 못했다. 진로에 대한 고민을 가진 그들에게 취업만 이야기했던 것이다. 나는 방향을 제시하는 것에서 그치고 선택은 그들이 했어야 했다.

진부한 말이지만, 사람은 꿈이 있어야 산다. 꿈이 있어야 버틴다. 거창한 것만 꿈이 아니다. 내게 즐거움을 주는 모든 사소한 것들이 꿈이다. 수업 시간을 버틸 수 있는 것은 쉬는 시간이 있기 때문이다. 기말고사 다음에는 방학이 있어 버티고, 대학에 대한 환상과 취업 후 펼쳐질 행복할 미래를 꿈꾸며 수험생과 취업준비생의 시기를 버틴다. 부모님도 마찬가지다. "너희들 장가 보내고 시집 보내면 시골 내려가서 살 거야." 엄마의 다짐도 꿈이다. 꿈이 없으면 누구에게도 '존버정신'은 기대할 수 없다.

직업도 마찬가지다. 지금 선택한 이 직업이 단순히 돈을 버는 수단만이 아니라 내 꿈을 현실로 만들기 위한 과정이라는 확신이 있으면 포기하지 않고 버틸 수 있다. 그러므로 직업을 선택하는 큰 전제조건이자 방향, 그 꼭대기에는 꿈이 있어야 한다. 그 꿈까지 올라서기 위한 계단, 그것이 바로 직업이 되어야 하는 것이다.

'직업의 계단'을 설계하라

우리는 평생직장이 사라지고 평생 직업만 남은 시대에 살고 있다. 일반적으로 첫 직장에서 길어야 10년을 버티고, 그다음 직장에서는 근속 기간이 점점 더 짧아진다. 반면에 수명은 계속 늘어난다. 일을 해야 생계를 유지할 수 있는데 일자리는 점점 줄어든다. 한 번 계단을 오르고, 또 다른 계단을 준비해야 한다면, 이 과정을 어떻게 설계하는지가 중요해진다. 꿈을 현실로 만들기 위한 '직업의 계단'을 만들어 하나씩 밟고 올라가는 성장 계획이 필요하다.

처음 선택한 직업 1번이 꿈과 동일하다면 더할 나위 없겠지만 그런 사람은 많지 않다. 그래서 첫 직업에서 번 수익과 그 안에서 얻은 경험을 통해 직업 2, 3, 4로 올라갈 수 있는 계단을 만들어야 한다. 이 직업의 계단을 만들어가는 과정이 곧 진로 설계다. 또한 지속적인 성장을 위해 평생학습이 병행되어야 한다.

꿈과 직업을 동일시하는 경우가 있다. 그러면 처음 가지게 되는 직업 1번이 과정이 아니라 자신의 꿈, 최후의 모습이라고 착각해 비전을 가지지 못하고 모든 것을 포기한다.

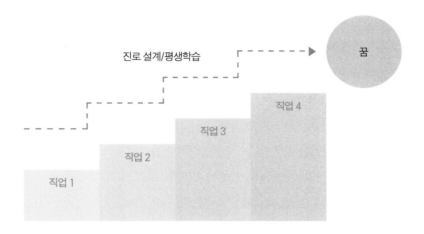

꿈을 현실로 만들기 위한 직업의 계단

진로 설계/평생학습

꿈

직업 4

직업 3

직업 2

직업 1

예를 들어, 취업할 때 10명 중 9명은 중소기업에 갈 수밖에 없다. 전체 노동자의 88%가 중소기업에서 근무하는 것이 현실이다. 당연히 대기업보다 환경이 좋을 리 없고 대우가 좋을 리 없다. 그러나 그곳이 자신의 마지막 꿈의 장소가 아니라 꿈까지 가기 위한 과정이라는 것을 알아야 한다. 직업 1번에서 경력을 쌓고 직업 2번으로 가고 다시 경력을 쌓아서 꿈까지 성장하면 된다.

마케팅 전문가를 꿈꾸던 구직자가 있었다. 마케팅 사무원은 채용 수 자체가 적고 신입보다는 경력직 채용이 많다. 그는 졸업 후 3년간 도전을 했지만 결국 원하던 기업에 가지 못하고 취업 프로그램 참여생이 되어 나를 찾아왔다.

그는 본인이 하고자 하는 일에 대한 생각이 있었다. 마케팅 업무를 배울 수 있는 중소기업을 목표로 취업을 준비했고 한 달 만에 취업했다. 제대로 취업을 했다고 생각했는데 3개월이 채 지나지 않아 회사에서 퇴직했다는 소식을 들었다. 이유를 물었다. 출근과 동시에 영업 현장에 나갔고, 퇴근할 때 사무실에 들어오는 것이 일상이었다고 한다. 자신이 생각했던 마케터의 모습이 아니라서 더는 못하겠다고 취업준비생으로 돌아갔다. 그에게 마케터는 꿈이 아니라 드라마에서 보던 환상에 가까웠던 것 같다. 직무에는 레벨이 있다. 신입이 할 수 있는 일과 선임이나 관리자가 하는 역할은 다르다. 영업을 해봐야 마케팅을 할 수 있는 것인데 그는 그걸 알지 못했다.

나는 이제 상담을 할 때 "희망 직무는 뭔가요?"라고 묻기 전에 "꿈은 뭔가요?"라고 묻는다. 자신이 무엇을 원하는지도 모르는데 희망 직무를 묻고 무작정 그걸 직업으로 만드는 것이 아니라, 꿈을 현실로 만들 수 있는 직업의 계단을 설계하는 과정으로 풀어낸다. 예를 들어, 의사라는 직업이 꿈이 아니라 어떤 의사가 되고 싶은지를 찾아야 한다. 돈을 많이 버는 의사가 되고 싶은지, 아니면 어려운 사람을 돕는 의사가 되고 싶은지 말이다.

여전히 꿈이 너무 거창하게 느껴지는가? 꿈이 꼭 직업과 관계 있을 필요는 없다. 몇 년 전 상담실에서 만난 한 학생에게 꿈을 묻자 의외의 대답을 들었다.

"제 꿈은 건물주예요."

우리나라 사람이라면 한 번쯤 꿈꾸는 것이 건물주라지만, 현실적인 진로를 논하는 곳에선 듣기 힘든 대답이었다. 이 학생이 지금 농담을 하나 싶었는데, 눈빛이 진지했다. 20대 초반인 자신의 전 재산은 10만 원도 안되지만 언젠가 자신 이름으로 된 건물을 수도권에 세울 것이라는 말엔 확신이 가득 차 있었다.

왜 건물주냐 물으니, 인생의 반은 열심히 일하고 인생의 반은 월세를 받으며 오롯이 여행만 다니고 싶단다. 사실 그게 진짜 꿈이란다. 그 학생은 최대한 빠르게 취업할 수 있고 다른 것보다 목돈을 마련할 수 있는 곳을 찾고 있었다. 상담 후 얼마 지나지 않아 취업에 성공했는데, 급여는 업계에서 보통 수준이지만 숙식비가 제공되고 복지가 좋아 생활비를 절약하기 좋은 곳이었다.

그는 취업 후에도 낮에는 회사를 다니고, 밤에는 부동산과 주식 등 재테크를 꾸준히 공부했다고 한다. 몇 년 뒤, 이 친구의 소식을 들었다. 첫 직장은 전공과 관련된 곳에 취직했지만, 공인중개사와 재테크 관련 자격 등을 준비해 관련 분야로 전직할 것이라고 한다. 그리고 여러 방법을 동원해 자신의 이름으로 된 집을 샀다고도 했다. 10년 뒤, 그 친구가 마흔 중반이 되는 시점에는 자신의 꿈을 이뤘다고 연락을 받을 것 같다.

꿈과 직업이 일치하지 않아도 상관없다. 누군가는 좋은 아버지가 되는 것이, 누군가는 자신의 이름을 알리는 것이 꿈일 수 있다. 직업 자체가 꿈인 사람도 있지만, 때로는 직업이 단계를 밟아 꿈으로 향하는 수단이 되기도 한다.

분명한 것은, 시작할 수 있는 힘도 '꿈'이고, 버틸 수 있는 힘도 '꿈'이라는 것이다. 취업을 준비하는 여러분과 함께 나누고 싶은 체 게바라의 명언이 있다.

"가슴속에 이룰 수 없는 꿈을 품은 현실주의자가 되어라(Be the realist! But dream unrealistic dream in your heart!)."

현실적인 정보와 조언을
찾는 법

진로를 설정하고 취업 방향을 결정하는 일은 나와 다양한 직업 간의 특성을 비교 분석하고, 관심 직업의 외적 특성과 노동시장 전망 등 다양한 요소를 종합적으로 고려해 찾아가는 과정이다. 이는 단시간에, 한 번에 이루어지기는 힘든 일이고 충분한 탐색과 노력이 필요한 일이다. 의사 결정하기 전에 가능한 한 대안들을 다양하게 살펴보고 판단해야 하기 때문에 최대한 도움을 받을 수 있는 길을 찾는 것이 중요하다. 혼자 고민하지 말라. 찾아보면 얻을 수 있는 정보와 자료들, 만날 수 있는 전문가들, 참여할 수 있는 프로그램들이 많이 있다. 어디서 정보와 도움을 얻을 수 있는지 다음의 안내를 참고해보자.

한국고용정보원

취업·진로길라잡이를 통해 최근 채용 트렌드, 채용 동향과 정보, 직무 중심 채용의 내용 등 취업과 관련된 다양한 정보를 어디에서 얻을 수 있는지 상세히 안내받을 수 있다. 청소년, 청년, 중장년, 여성 등 연령과 상황에 따라 도움이 될 수 있는 정보와 자료들도 찾아볼 수 있다.

▶ 한국고용정보원(www.keis.or.kr) 〉 취업·진로길라잡이

워크넷

한국고용정보원에서 안내하는 대부분의 정보와 자료들은 워크넷과 연결되어 있다. '채용정보', '공채특별관', '4차 산업혁명', '청년친화 강소기업', '모두의 취업', '인재정보', '직업·진로' 카테고리로 나누어져 있어 해당 카테고리에서 자세한 정보를 찾아볼 수 있다. 특히, '모두의 취업' 카테고리에서는 다양한 취업 지원 프로그램에 대해 상세히 소개하고 있다. 또한 '직업·진로' 카테고리에서는 진로 상담도 해볼 수 있다. 진로 설계와 직업 선택, 취업 준비 등에 관한 질문을 하면 해당 분야 전문가가 상담을 해준다. 진로상담 게시판과 상담 FAQ 게시판을 활용해보자.

▶ 워크넷(www.work.go.kr)

청년워크넷 × 온라인청년센터

청년 취업을 위해 필요한 정부 지원정책 및 워크넷의 다양한 서비스를 한곳에 모아 이용할 수 있도록 한 '청년 맞춤형 취업지원' 사이트다. 청년정책, 청년공간, 청년일자리, 직업·진로, 채용행사뉴스, 취업스토리 등을

찾아볼 수 있다.

▶ 청년워크넷×온라인청년센터(www.work.go.kr/jobyoung)

우리학교 취업지원실

전국 총 277개 대학교에서 워크넷과 함께 취업 및 진로 상담 서비스를 제공하고 있다. 재학생, 졸업생 모두 이용 가능하다. 대학창조일자리센터, 대학청년고용센터, 대학취업지원관 지원 학교의 경우는 타 학교 대학생이나 지역 청년 모두 이용할 수 있다. 취업 및 진로상담 외에도 구직 등록, 취업 알선 등 다양한 취업 서비스도 제공하고 있다. 워크넷을 통해 상담을 예약한 후 '우리학교 취업지원실'에 방문해 상담을 받거나 거주 중인 지역에 인접한 고용복지⁺센터(고용센터)를 방문해 직업진로지도 서비스를 제공받을 수 있다.

▶ 청년워크넷×온라인청년센터 〉 청년정책 〉 우리학교 취업지원실

HRD-Net

구직자와 근로자를 위한 직업훈련 포털 사이트로 직업훈련 정보, 일자리직업 정보 등을 찾아볼 수 있다. 여러 훈련 과정을 살펴보고 비교 검색해볼 수도 있다.

▶ HRD-Net(www.hrd.go.kr)

Part 4 무엇을 어떻게 준비하고 실행할까?

: 구직자가 알아야 할 취업의 기본기

누구처럼 말고 너답게 사는 법을 찾아라
남이 웃는 것 보고 웃지 말고
네가 웃고 싶을 때 웃어라

당신의 취업은
처음부터 잘못됐다

결국 진로 설정의 목적은 내게 맞는 직업을 찾고 그것을 통해 조금 더 행복하게 일하는 것에 있다. 진로 설정의 과정은 직업을 찾는 첫 단추를 꿰는 것과 같다. 첫 단추를 잘못 꿰고 다음 단추를 꿰면 마지막 단추가 결국 어긋나듯이 진로 설정에서도 처음부터 단추를 꿰어야 할 때가 필연적으로 찾아온다.

이쯤 되면 진로의 필요성은 대충 이해하겠는데, 문제는 취업이다. 진로를 찾는다 한들 뽑히지 않으면 가질 수 없는 것이 직업이다. 물론 창업과 창직 등 다양한 루트로 직업을 가질 수도 있지만, 일반적으로 직업을 갖는 길인 '취업의 방법'에 대해 본격적으로 이야기해보자. 취업을 준비해본 사람이라면 알 것이다. 진로와 상관없이 취업은 정말 어렵다. 진로 설정을 잘했다고 취업이 보장되지는 않는다. 그저 확률이 높아질 뿐이다.

입사 후 진로 고민으로 퇴사하는 직장인들만 봐도, 그들은 진로 설정 없이 입사에만 성공했음을 알 수 있다. 다시 뛰쳐나오더라도 말이다. 당장 주변만 둘러보자. '전공이 나랑 정말 안 맞는다'며 습관처럼 말하던 아무개는 귀신같이 목표한 기업에 척척 잘만 붙었다. 아무개나 나나, 진로는 뒤로하고 전공 따라 스펙 따라 취업 준비를 했는데 대체 왜 나만 제자리일까.

대부분의 구직자들은 적성에 맞지 않는 회사를 열심히 준비한다. 적성에 맞지 않아도 일단 취업이 되면 다행인데, 결과는 늘 절망적이다. 오늘도 우리는 구직 준비가 잘못됐다는 사실조차 까맣게 모르고 이력서에 적을 스펙을 채우기 위해 도서관으로 향한다.

스물넷, 기철 씨가 취업을 대하는 방법

기철 씨는 성적 따라 간 대학의 전공이 적성과 잘 맞지는 않았지만, 그렇다고 아예 못 다니겠다고 생각할 만큼은 아니었다. 어차피 장래희망이나 꿈은 대학을 정할 때부터 사치라고 생각해왔다. 기철 씨가 그저 바라는 것은 전공에 맞춰 취업이라도 잘하는 것이었다. 1학년은 대학생활에 적응하며 그럭저럭 지나갔다. 사실 군대를 가기 전까지는 취업이 현실로 다가오지 않았다. 그런데 복학을 하고 2학년이 되니 앞날에 대한 고민이 서서히 들기 시작했다. 친구들을 따라 토익학원에 등록하고 인타넷 강의를 신청했다. 뭘 할지 모르겠지만 일단 토익이라도 공부하는 것으로 위안이 됐다. 3학년이 되니, 동기들의 대외 활동과 공모전 수상 소식이 자주 들렸다. 작년부터 시작한 토익은 생각보다 점수가 오르지 않았다. 토익 스피킹이나 중국어를 추가로 준비하는 친구들을 보면서 마음이 조급해졌다. 일단 주어지는 현장 실습과 전공 학점, 토익만이라도 제대로 만들자는 생각이었다. 그렇게 4학년이 되었다. 몇몇 동기들은 이미 인적성 공부에 들어갔다. 이젠 취업이 당장 눈앞으로 다가온 것 같았다. 같은 과 선배들이나 친구들이 지원하는 곳에 나 역시 지원해보기로 마음먹었다.

기철 씨는 용기를 내 취업포털 사이트에서 채용 공고를 꼼꼼히 살펴본다. 처음엔 패기 있게 국내 주요 기업의 채용 공고도 열어봤지만, 이내 빠르게 창을 닫았다. 지원 자격에 비해 자신이 너무 부족하게 느껴졌기 때문이다. 전공과 관련 있는 듯 보이는 한 중견기업의 채용 공고를 발견한 기철 씨는 생애 첫 이력서와 자기소개서 작성에 들어간다.

그러나 3학년부터 잘 지켜왔던 평정심이 흔들리기 시작한다. 빈칸으로 가득한 자신의 이력서를 마주하는 것이 부끄럽다. 한편으론 억울한 마음이 들었다. 4년간, 뼈를 깎는 노력을 한 것은 아니었지만 방탕하게 보낸 것도 아니었다. 특별히 큰 문제를 일으킨 적도 없었다. 수업과 과제로 밤을 샌 적도 많았고, 학교 행사나 동아리 활동을 병행하느라 지난 4년은 늘 꽉 차 있었다.

그러나 그 시간이 마치 거짓말인 것처럼 이력서는 텅 비어 있다. 지푸라기라도 잡는 심정으로 교내에서 운영하는 직무 분석 특강과 실전 취업 교육에 참여한다. 회사는 어떤 사람을 뽑는지, 어떻게 자기소개서를 쓰면 되는지, 면접 준비는 어떻게 하면 될지 하나하나 메모하고 기록한다. 직무에 맞는 나를 만들어낸다. 취업은 이미 내 꿈을 이루는 과정이 아니다. 정답이 있는 문제를 푸는 입시 같다.

수시로 취업포털 사이트에 접속한다. 전공과 관련 있는 직무를 발견하는 대로 여러 버전의 자소설을 작성하고 지원한다. 전공과 관련되기만 하면 직무와 상관없이 일단 내본다. 전공이라도 관련 있으면 다행이다. 사실, 조급한 마음에 전공과 전혀 관련 없는 일반 사무나 행정 직무에도 지원했다. 솔직한 심정은 그냥 어디라도 나를 뽑아준다면 좋겠다.

우리의 취업 준비는 거꾸로 간다

내 상담실 문을 두드리는 열 명 중 일곱 명은 기철 씨와 다름없다. 대학 4년을 바쁘게 보냈지만 기철 씨가 취업 앞에서 늘 작아지는 이유는 뭘까? 기철 씨가 게을러서도, 인성이 나빠서도, 역량이나 능력이 부족해서도 아니다. 기철 씨에게 잘못이 있다면 방법을 몰랐다는 것뿐이다.

기철 씨의 취업 준비는 일명 X세대부터 내려오는 유서 깊은 방법이다. 그러나 지금은 2019년이다. 부모님 세대의 방법을 그대로 쓴다면 오늘날의 채용 시장에선 좋은 기업에 합격할 확률보다 떨어질 확률이 더 높다.

채용 시장에서 구직자들을 뽑는 기준의 변화는 크게 IMF 전후로 나누어볼 수 있다. IMF 이전 경기 호황기에는, 특정 전문 기술직을 제외하고 대부분의 직무에서 전공보다 학교의 간판과 같은 지원자의 절대적인 스펙이 중요했다. 부모님이 늘 말씀하시던 '좋은 대학 나오면 좋은 기업 갈 수 있다'는 말은 거짓말이 아니었다. 실제로 우리 부모님 세대 때만 해도 좋은 대학은 대기업으로 가는 보증수표였다.

상경·사회·인문 계열 전공자라면 한 번쯤은 이런 말도 해봤을 것이다. "이공계 애들이 부럽다. 우리는 취업할 곳이 진짜 없어. 죄다 이공계만 뽑아." 지금은 이공계가 취업에서 훨씬 유리하지만, 한때는 이공계를 기피하던 시절이 있었다. 이공계를 나오면 블루컬러가 되고, 블루컬러는 고생의 지름길이라는 잘못된 편견이 만연하던 시절이었다. 특히나 IMF를 거치며 줄줄이 잘려나가는 기술자들의 모습은 부모님에게 큰 충격이었다. 아이들의 진로에 가장 큰 영향을 주는 부모님은 자식들을 판검사나 정치인, 펀드매니저, 애널리스트, 컨설턴트와 같은 화이트컬러 고소득 직업으로 유도했다. 그리고 이러한 기조는 2000년대 초반까지 계속되었다.

그런데 IMF 이후 기업의 채용 기류가 변화했다. 경기 불황에서 회사를 운영하는 대표라고 한번 생각해보자. 경기는 어렵고 회사의 사정도 좋지 못하다. 경기 호황 시절에 뽑았던 비싼 몸값의 인재들이 제 역할을 하지 못한다. 단순히 공부를 잘하는 IQ가 아니라 일할 수 있는 능력 즉, 역량이 필요하다는 것을 깨닫는다. 스펙이 뛰어난 인재를 뽑는 만큼 회사도 좋은 실적을 얻는 것이라 믿어 의심치 않았는데 생각보다 영 성과가 좋지 않다. 더군다나 인건비는 올라가고 경기 상황은 좋지 않다 보니, 예전엔 두 명 뽑던 자리에 능력 있는 한 명을 뽑는다. 모든 것을 다 잘하는 '베스트피플(Best-people)'이 아닌 해당 직무를 잘할 수 있는 '라이트피플(Right-people)'을 요구하는 시대가 된 것이다.

회사에 오고 싶어 하는 인재는 차고 넘치는 데다 대부분의 인재가 기본적인 스펙은 갖추고 있다. 그럼 회사는 어떤 전략으로 사람을 뽑을까? 같은 것을 더 많이 가진 사람을 뽑을까 아니면 다른 무언가를 가진 사람을 원할까? 그 일에 나를 맞추려는 사람을 뽑을까, 원래 그 일에 맞는 사람을 뽑을까? 당연히 후자다. 그렇다면 차별된 역량을 보유했다는 것을 어떻게 증명할 것인가?

그래서 취업이 어렵다. 이제 회사는 단순히 IQ만 높거나 스펙만 화려한 학생을 원하지 않는다. 일을 할 수 있는 기본 스펙을 갖췄다면 그다음은 차별화가 필요하다. 토익 점수 10점, 20점 싸움도 아니고, 학점 싸움도 아니다. 경력직 같은 신입을 원한다는 말은 입사 후 단기간에 경력직과 같은 성과를 내는 인재를 원한다는 것이다. 사과를 파는 업무라면 실제로 사과를 팔아본 경험이 있는지, 사과를 파는 데 적합한 성격인지, 판매에 대한 이해가 얼마나 높은지가 중국어나 일본어를 할 줄 아는가보다 더 중요해졌다.

그럼 기철 씨는 왜 사과를 파는 연습을 미리 하지 못했을까? 간단하다. 이력서를 쓰기 전까지 기철 씨는 사과를 팔지, 바나나를 팔지 고민해본 적이 없다. 토익 학원에 다닐 즈음에야 직무를 정했다. 사과를 파는 경험을 쌓는 일은 토익보다 오랜 시간이 걸린다. 그러나 그 많은 기철 씨들이 구직 시장의 현실을 모른 채 '기본 스펙을 갖췄으니 일단 취업시켜주면 사과를 한번 팔아볼게요'라고 말하고 있다. 기업은 그 많은 기철 씨가 아니라, 사과를 팔아본 경험이 풍부한 소수의 지영 씨를 뽑는다. 그런데 불합격 통지서를 받은 기철 씨는 이렇게 생각한다.

"역시, 토익 점수가 너무 부족했나 봐."

진로 계획도 'SMART'하게,
이렇게 준비하라

진로 설계Career Planning는 자신의 경력 개발 목표를 설정하고, 이를 수행하기 위한 계획을 수립하고 달성해가는 일련의 과정을 의미한다. 대학시절의 진로설계는 향후 20~30년 삶의 폭과 깊이에 영향을 미치는 일이므로, 미리미리 현명하게 계획해나갈 수 있다면 더없이 좋을 것이다.

SMART하게 접근하라

조지 도런George Doran 교수가 제안한 후 유명해진 SMART 접근법은 경력 설계에 크게 도움이 된다. 체계적인 계획을 세울 때는 Specific(구체적으로), Measurable(측정 가능하게), Aggressive yet Achievable(진취적이지만 달성 가능하게), Result oriented(결과 지향적으로), Time bound(시간 제한을 두고) 하라는 말이다. 다음 표의 예시를 보며 이해해보자.

	내용	예시: 영어 공부
S	목표는 자신뿐만 아니라 타인도 명확히 알 수 있도록 상세하고 초점이 명확해야 한다.	1) 영어 공부를 한다 2) 영어 학원에 다닌다 영어 학원에서 영어 공부를 위해 토익 과정을 수강한다.
M	측정 가능하지 않으면 목표 달성 여부, 진척 정도, 노력 정도 등을 평가하지 못한다. 목표는 관찰 가능하며 계량화할 수 있어야 한다.	영어 토익 점수를 작년 점수보다 올해 20% 향상시킨다.
A	나의 능력과 열정으로 달성할 수 있는 현실적이고 실제적인 목표를 말한다.	영어 토익 점수를 지금 점수인 500점에서 600점으로 올린다.
R	목표에 따라 수립되는 활동과 행동은 달성할 결과에 초점을 맞춰야 한다.	토익 점수 100점 향상을 위해 1) 매일 새벽 1시간씩 영어 학원에서 토익 과정 수강 2) 취침 전 영어 단어 10개 이상 외우기 3) 예상되는 걸림돌: 나태함, 비합리적 사고
T	시간제한이 없는 목표는 성취하지 못할 가능성이 크다. 목표 달성 시한을 설정하여 평가해야 한다.	영어 토익 점수 20% 향상을 위한 노력의 기간은 2019년 1월부터 1년간으로 정한다.

대학생 취업 설계의 문제점

1) 막연하고 편향된 취업 목표

대학 취업준비생의 대부분은 대기업이나 공공기관에 취업하기를 원한다. 대학 취업준비생들이 원하는 일자리의 종류를 보면 공공기관이 37.5%로 가장 높고, 대기업이 34.7%로 그다음이다. 70% 이상의 학생들이 공공기관이나 대기업 취업을 목표로 하고 있다는 얘기다. 반면, 중소기업 취업을 생각하고 있는 사람은 20%에 조금 못 미친다.

2) 진로 탐색이 결여된 취업 준비

모든 이의 삶이 각자 고유한 자기만의 것이듯, 진로도 개인마다 고유한 경험에 기반해 다양한 방식으로 전개될 수 있다. 다양한 방식의 진로나 취업을 모색하기 위해서는 진로 탐색이 우선이다. 그러나 대학생들의 취업 준비 실태를 보면, 남들과 같은 목표를 세우고 취업 기술 쌓기에만 치중하고 있는 것이 현실이다.

3) 취업 희망 직종의 부재

한 조사에 따르면 대학생 1093명 중 70%가 자신의 취업 희망 직종이 없다고 답했다. 그 이유로는 '내가 무엇을 잘할 수 있을지 몰라서(53.7%)', '내 전공으로 갈 수 있는 직종을 몰라서(9.64%)', '직종에 상관없이 취업만 하면 되기 때문에(8.43%)', '생각해본 적이 없어서(7.3%)', '현재의 전공을 바꾸고 싶어서(6.63%)', '기타 및 무응답(9.04%)'으로 나타났다.

4) 왜곡된 정보와 무조건적인 스펙 쌓기

취업에 대한 불안으로 '과잉 스펙'을 부추기거나 왜곡된 정보들에 흔들린다.

5) 직무와 기업 현실에 대한 이해 부족

우리의 진로 목표는 좋은 일자리를 유지하면서 행복하게 살아가는 것이다. 취업은 그것을 위한 중간 과정이거나 수단이다. 그러나 대학생들이 취업을 준비하는 방식은 거꾸로 되어 있다. 취업이 먼저고, 일과 기업에 대한 이해는 취업 이후로 밀려난다.

진로 목표를 정할 때 극복해야 할 것들

1) 타인을 위한 목표

취업 당사자는 바로 나 자신이다. 취업이나 진로 목표는 자신의 흥미나 가치, 그리고 능력을 고려하여 설정해야 한다. 너무나 당연한 사실을 강조하는 이유는, 누군가의 기대를 충족하는 데에 익숙하여 취업 목표조차도 타인이 중시하는 기준으로 설정하는 오류를 종종 범하기 때문이다. 누군가의 바람과 기대에 부응하느라 정작 자신이 무엇을 원하는가를 생각하지 않는다면 결국 단기적으로는 목표를 달성한다고 해도, 장기적으로는 일에서 만족이나 성장보다는 소외와 좌절을 겪게 될 수밖에 없다. 이는 능력을 발전시키고 더 좋은 진로 경로를 찾는 데 걸림돌이 된다.

2) 근시안적 목표

대학 입학이 진로 목표의 종점이 아니라 본격적 진로 준비의 시작점이 듯, 첫 취업 역시 진로 경로의 현실적 출발 지점이다. 따라서 첫 취업이 평생에 걸친 내 진로에 어떤 영향을 미칠 것인가에 대한 충분한 숙고가 있어야 한다.

3) 스펙에 대한 집착

앞서 이야기했듯이 스펙에 대한 과도한 집착은 취업 목표 설정과 달성에 큰 장애물이다. 구체적인 목표는 취업 준비에 유용하지만, 스펙에 대한 과도한 집착은 왜 취업을 하고자 하는지, 어떤 일을 하고자 하는지, 그 일을 하면서 어떤 즐거움과 보람을 얻을 수 있을지에 대한 전반적 성찰을 할 기회를 앗아갈 수 있다. 명문대 진학을 위해 현재를 희생하는 고3 학생처럼, 좋은 취업을 위해 모든 즐거움을 희생하게 된다. 그러나 기업이 원하는 것은 스펙 그 자체보다는 그것을 구성하고 있는 요소, 그것이 그 사람에 대해 알려주는 의미들이다.

4) 너무 쉽거나 어려운 목표

심리적 성공은 도전적이고 의미 있는 과제를 달성할 때 경험하게 된다. 너무 쉬운 목표를 세우면 그것을 달성해도 성취감을 느끼기 어렵다. 따라서 목표는 충분히 도전적이어서 일정한 노력과 준비를 통해서 달성할 수 있는 것이어야 한다. 도전을 통해 성공을 경험한 사람은 다른 진로 목표를 다시 도전적으로 수립하고 이를 위해 노력할 것이다.

이와는 반대로 너무 어려운 목표는 성취할 가능성이 낮고, 실패할 경우 좌절감에 빠지게 만든다. 도전적인 목표와 실제적으로 불가능한 목표가 어떻게 다른가를 구분하는 것은 쉽지 않지만 경계선은 분명히 있다. 이를 파악하기 위해서는 자신의 재능, 재능을 개발할 수 있는 기회와 능력, 작업 환경에서의 기회와 장애에 대한 정확한 지각이 필요하다.

5) 융통성이 없는 목표

목표 설정은 자신과 외부 환경에 대한 지속적인 진단과 조율 속에서 이루어지는 일이다. 따라서 일정 시점에서는 고정된 목표가 있어야 하지만 변화되는 조건과 환경을 반영하는지 주기적으로 점검할 필요가 있다. 이를 점검하지 않는 융통성 없는 목표는 당사자에게 좌절감을 안기거나 그릇된 진로 경로에 들어서게 할 수 있다.

목표 설정에 한번 시간과 노력을 들이게 되면 흔히 앞뒤 돌아보지 않고 그것의 달성에 몰두하는 경향이 있다. 또한 변화를 개방적으로 받아들이는 일은 생각만큼 쉽지 않기 때문에, 자신의 목표를 성찰적으로 돌이켜보는 일 자체가 도전적인 과제라 할 수 있다.

전공별 주요 진로 분야를 탐색해보자

졸업 후에 무슨 일을 할 수 있을지 막연하거나, 전공에 대해서 잘 몰라 어떤 공부를 해야 할지 막연하다면, 한국고용정보원과 워크넷에서 제공하는 「대학 전공별 진로가이드」를 한번 확인해보자. 대학에서의 학과 전공을 기반으로 진로 계획을 수립할 때 활용할 수 있는 유용한 참고자료가 될 것이다. 대표적인 학과들의 전공별 주요 진로 분야에 대한 정보(학과별 직업리스트 통합표, 진출 분야, 직무 내용, 직업 전망, 준비 방법 등)가 담겨 있기 때문에 전공에 대한 고민, 진로에 대한 막연함을 풀어나가는 데 도움이 된다. 특히, 인문, 교육 및 예체능 계열 학과 진로와 관련된 정보를 중심으로 개발되어 해당 전공 분야 학생들에게 더욱 유용할 듯하다.

대학 신입생이라면, 대학생활 동안 배울 전공 교과목을 통해 어떤 역량을 키울 수 있는지 확인하고 진출 가능한 직업 분야와 관심 있는 직업 분야를 확인해보는 데에도 도움이 된다. 고학년이라면, 대학생활을 통해 배우고 경험한 것을 토대로 구체적인 진출 분야를 탐색해볼 수 있을 것이다.

이런 전철은 밟지 말자

다음의 표는 대학생들이 구직 시점과 단계에 따라 어떤 마음의 변화를 겪는지 예시로 살펴본 내용이다. 현재의 나는 어느 시점에 있는지 생각해보면서 이런 전철을 밟지 않도록 마음을 다잡아보자.

구직 단계 및 시점	마음의 변화
1단계(4학년 초)	나는 대기업이나 외국기업 가야지! 주5일 근무인가? 근무 분위기는? 궁금한 게 많네! 어디든 걸리겠지!
2단계(4학년 2학기)	대기업 어렵구나. 연봉은 적어도 대기업만 가면 뭐. 주 5일 근무 아니더라도 격주 휴무가 어디야!
3단계	대기업 다 떨어졌다! 좋은 중소기업이라도 가자! 연봉은 평균만 되면 뭐. 취직 좀 하자!
4단계(졸업 무렵)	중소기업도 빡세구나. 전공 무관 모두 지원! 취업사이트 보느라 눈이 벌겋다.
5단계(졸업 후)	대인기피증, 불면증, 소화불량⋯ 대학은 왜 다닌 걸까? 공무원 공부라도 하자. 제발 취직시켜주세요.
6단계(졸업 후 1년)	이제 나도 모르겠다. 취직하면 뭐 하나. 어차피 잘릴 텐데. 직업을 고시생으로 하지 뭐.

　당신은 어떤 유형인가? '알찬형'은 저학년 때 선배나 전문가에게 직업 정보를 수집하고 다양하게 노력한 경우다. 적성에 맞는 좋은 직장에 취업한다. '탐색형'은 다양한 직업 정보를 수집하지만 쉽사리 진로 선택을 하지 못한 학생이다. 취업을 준비하거나 대학원에 진학한다. '외길형'은 오로지 한길만 고수하며 공부하는 학생이다. 잘되거나 아니면 백수다. '무관심형'은 생각 없이 학교만 다니고, 다 취업하는데 못 하겠냐는 무모한 유형이다. 백수가 되거나 취업해도 계속 이직한다.

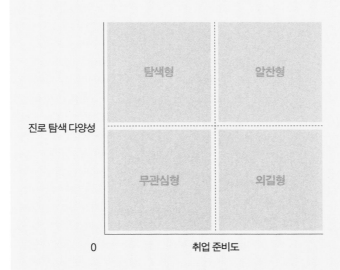

학년별 계획 수립 가이드

1학년 때는 자신의 인성과 적성을 분석하고 사회와 기업, 취업 시장의 흐름과 방향을 인지하며 현실의 벽을 극복하는 명확한 목표를 설정하는 데 집중해보자. 2학년 때는 목표를 설정한 후 장점을 강화하고 단점을 보완하며 자신의 실력을 다질 수 있는 세부 계획을 세워보고 다양한 경험들을 해보자. 3학년 때는 구체적인 취업 준비를 해나가는 시점이다. 필요한 역량을 갖춰나가고 있는지 점검하며 스스로를 계속 독려하자. 4학년 때는 본격적인 구직 활동을 시작해보는 시기다. 원하는 기업에 입사하고 원하는 직무를 담당하여 원활한 사회생활을 시작할 수 있도록 준비하자.

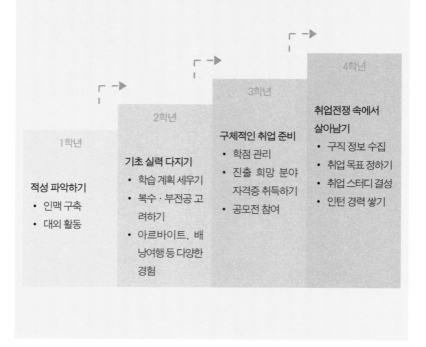

1학년

적성 파악하기
• 인맥 구축
• 대외 활동

2학년

기초 실력 다지기
• 학습 계획 세우기
• 복수·부전공 고려하기
• 아르바이트, 배낭여행 등 다양한 경험

3학년

구체적인 취업 준비
• 학점 관리
• 진출 희망 분야 자격증 취득하기
• 공모전 참여

4학년

취업전쟁 속에서 살아남기
• 구직 정보 수집
• 취업 목표 정하기
• 취업 스터디 결성
• 인턴 경력 쌓기

취업의 의미 되짚어보기

취업은 성인으로서 홀로 서는 일이다. 행동의 방향과 가치를 정하는 사람이 타인이 아니라 자기 자신이 된다는 것을 의미한다. 자율성은 커지되 그에 따른 책임 또한 자신이 져야 하는 것이다. 자기관리는 필수다. 자신에게 주어진 시간을 생산적으로 활용하고, 정신적·육체적 건강도 유지해야 한다. 관계 맺음의 주체가 돼야 하고, 경제적 문제에 대한 관점도 스스로 세워야 한다. 삶과 일의 조화를 어떻게 이룰 것인가에 대한 고민 역시 자신의 몫이다.

취업을 하고 회사의 구성원이 되면 그 환경에 적응해야 한다. 신입사원을 위해 조직이 변하는 경우는 없다. 하고 싶은 업무를 선택할 수도, 같이 일하고 싶은 사람을 선별할 수도 없다. 상사는 함께 일하는 동료이자 감독자이며 평가자다. 회사에서 만나는 사람들이 좋든 싫든 대부분의 시간을 함께 보내며 협력을 통해 성과를 만들어야 하기 때문에 원만한 관계를 유지해야 한다. 조직은 개인의 탁월성보다 팀의 성과를 우선시하기 때문에 개인의 역량이 어떻게 팀 전체의 성과에 기여할 수 있는지를 더 우선적으로 생각해야 한다.

취업 직후에 맡게 되는 일은 대개 실망스럽고 보잘 것 없어 보이는 경우가 많다. 의미 있는 일을 통해 조직에 크게 기여하리라는 각오와 기대를 가지고 나서지만, 막상 현실에서 일정한 몫을 하기 위해서는 상당한 학습 기간이 필요하다. 조직의 입장에서 책임 있는 일을 맡기기에는 아직 훈련되어 있지 않기 때문이다. 자신이 의미 없는 일에 투여된다고 생각하는 이 기간 동안 상당한 실망감, 때로는 모멸감까지 견뎌내야 하는 상황과도 마주하게 되는 것이 현실이다. 따분한 업무, 철저한 감독과 관리, 제한된 자율성의 시기를 보내는 것은 취업 이후 초기 단계에서 견뎌야 하는 일종의 통과의례라고도 할 수 있다.

그러나 이러한 초기 시기가 지나면 역량을 발휘하고 발전시켜가는 정착과 성취의 시기를 맞이하는 날이 온다. 느슨한 인간관계를 맺고 관리할 줄 알게 되며, 팀과 시스템 안에서 일하는 방법을 알게 되고, 자신이 역량을 발휘할 수 있는 영역과 방식을 알게 된다. 수많은 시행착오를 통한 학습이 이뤄내는 결과다. 바람직한 단계를 잘 거친 사람들은 특정 분야의 경험을 전문적인 평생의 업業으로 발전시킬 기회를 갖게 될 수 있다. 시행착오와 경험을 통한 초기 취업에서의 학습은 평생 진로의 기반이 되는 셈이다. 이후의 진로는 어떤 방향이든 초기 취업에서의 경험과 경력이 발판이 될 것이다.

직무 분석보다
직무 선택

취업의 열쇠는 결국 직무적합성이다. 해당 직무에서 요구하는 역량을 가지고 있음을 증명하는 것이 취업에서 요구하는 숙제다. 그럼 직무란 대체 뭘까? 간단하다. 내가 맡은 일이다. 책임지는 일이다. 그래서 잘해야 하는 일이다. 우리가 흔히 말하는 일반사무직은 직무가 아니라 직군이다. 일반사무직군 안에 인사, 총무, 회계, 경리, 사무보조, 비서 등의 다양한 직무가 존재한다.

전공 무관 사무직으로 취업했던 여학생이 있었다. 추천서까지 써서 보냈는데 일주일도 못 버티고 학교로 돌아왔다. 이유를 물었더니 자기는 사무보조 일을 생각하고 갔는데 총무와 회계까지 모든 일을 시켰다고 불만을 토로했다. 나는 여학생에게 채용 공고를 보여주며 말해주었다. "여기 보세요. 일반사무직이라고 적혀 있죠? 그럼 다 해야 한다는 거예요." 대

159

기업에는 회계팀, 총무팀, 인사팀 등 부서별로 업무가 분장되어 있으나 중소기업의 현실상 지원 업무의 경우에는 해당 직군의 전체적인 업무를 파악하고, 수행할 수 있는 준비가 필요하다.

대표적인 직무의 예시

경영지원직군 인사, 총무, 회계, 경리, 기획, 재무, 법무, 교육, 홍보, 비서, 사무지원 등

영업마케팅직군 영업, 마케팅, 영업관리(지원), 물류, 유통, 판매, 매장관리 등

연구개발직군 연구개발, 연구기획 등

생산직군 생산관리, 품질관리, 생산기술, 공정관리 등

IT전산직군 프로그래머, 웹디자인, 시스템분석 및 설계, 네트워크관리, 통신기술, 모바일 등

서비스직군 은행원, 외식서비스, 승무원, 호텔, 관광 등

기업마다 다른 직무 체계를 가지고 있기 때문에 산업별로 구분하여 내가 지원하는 직무가 존재하는지를 파악하는 것이 중요하다.

이처럼 직무에서 요구하는 능력을 '직무 역량'이라고 부른다. 요즘 채용시장의 주요 키워드가 직무 역량이다 보니, 대부분의 취업 교육이 직무와 관련된 프로그램으로 진행된다. 직무 역량을 파악하기 위해 직무 분석은 필수다. 앞서 기철 씨의 사례처럼 해당 직무에서 무엇을 요구하는지 모르기 때문에 불필요한 스펙 쌓기에 시간을 보내는 경우가 많은데, 직무 분석을 통해 필요한 역량을 파악하고 부족한 역량을 채우기 위한 계획을

수립하는 것이 바람직하다.

특히 이런 직무 분석 강의는 현직에 있거나 또는 기업에서 해당 직무를 담당했던 분들을 모셔 강의를 진행하는 경우가 많다. 학생들의 반응도 좋고 수업 시간에 집중도도 높다. 그러나 그중 절반 이상은 또 취업과 인연을 맺지 못한다. 그 직무에 대해서 정확하게 파악하고 내가 무엇이 부족한지도 알았는데, 안타깝게도 해당 직무를 원하지 않고 또 적합하지도 않다는 것을 발견하기 때문이다.

이런 경우는 특히 취업 동아리에서 자주 볼 수 있다. 희망하는 직무를 선택해 동일한 직무 지원자들이 모여 취업을 준비한다. 분명히 똑같이 준비를 하고 스펙도 비슷한데 결과가 다르다. 가장 큰 이유는 그 직무가 자신에게 맞는지, 맞지 않는지도 모르는 채 다른 사람들이 많이 선택하는 그나마 취업이 잘되는 직무를 골라 준비를 하기 때문이다.

한동안 유행이었던 희망 직무가 있었다. "어떤 직무 지원하세요?"라고 물어보면 하나같이 "마케팅이요"라고 했다. 마케팅이 멋지고 화려하게 전략을 짜는 직무라고 착각하고 온다. 드라마나 영화에서 나오는 마케팅 전문가만 떠올린다. 그러나 홍보나 광고, 기타 영업 기획 직무 등 마케팅 관련 직무는 굉장히 많다. 직무를 배정받고 나서야 자신이 생각하던 마케팅 일이 아니라는 것을 뒤늦게 깨닫는 것이다.

내가 무엇을 잘할 수 있는지는 회사가 아니라 내가 알아야 한다. 내 필살기가 무엇이며, 그 필살기로 어떻게 회사에 기여할 것인지를 증명해야 한다.

바른 취업을 위한 취업의 단계

누구나 '빠른 취업'을 희망한다. 그러나 원하는 기업의 취업 합격률을 높이고, 직무 만족도를 높이고, 조금 더 오래 다니고 싶다면 '바른 취업'으로 목표를 바꿔보자. 여기, 바른 취업을 위한 취업의 단계가 있다. 나는 현재 어디에 있을까?

올바른 구직 준비는 다음의 그림과 같은 단계를 밟는다. 자신의 적성과 흥미, 성격과 가치관을 돌아보는 자아성찰의 시간을 우리는 '자기 이해'라고 부른다. 앞에서 자기 이해를 활용한 진로를 찾는 방법에 대해 자세히 다뤘다. 다시 강조하지만, 이 단계가 가장 중요하다. 종종 인터넷기사로 올라오는 무용담 같은 이야기, 어렵게 들어간 대기업을 스스로 포기하고 자기 자신을 찾아 세계 여행을 떠난 사람의 이야기를 보면 마음이 복잡해진다. 손에 쥔 것을 포기하고 그렇게 홀홀 떠날 수 있는 모습이 물론 멋있기도 하지만, 전문가의 입장에서 보면 애초에 '자기 이해의 과정'을 거치지 않고 달렸을 거란 생각이 들어서다. 그래서 다시 돌아가는 삶을 택한 것일 테니까. 그가 세계 여행을 다녀온 후에는 어떻게 될까?

자기 이해 없는 목표 설정은 확신 없는 결심이다. 그 일을 하기로 결정했지만 정말 내가 잘할 수 있는지, 이 분야에서 나보다 잘난 사람이 이렇게 많은데 성장하고 성공할 수 있는 것인지 늘 불안하다. 취업에 성공해도 마찬가지다. '이 일이 내게 맞는 것인지, 나는 사무실에서 뭘 하고 있는 것인지' 지속적인 진로 고민에 시달린다. 방향을 알지 못하는 달리기가 어찌 행복할 수 있을까?

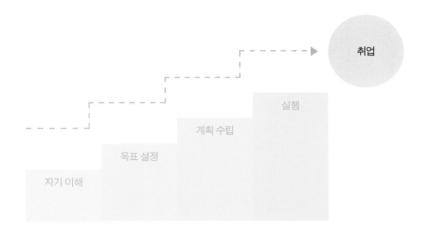

바른 취업을 위한 단계

취업

실행

계획 수립

목표 설정

자기 이해

자기 이해의 다음 단계는 '목표 설정'이다. 이때 '직무 선택'이 이루어진다. 전공과 현재 보유 역량을 반영해 직무를 선택하고 업종과 기업 분석을 거쳐 최선의 선택을 한다. 내게 100% 일치하는 직무는 없다. 이 때문에 최선의 선택이 필요하다.

선택한 직무로 취업하기 위해 기본 스펙을 알아보고 직무 분석을 하는 단계는 '계획 수립'이다. 취업 전략을 세워 해당 직무에서 요구하는 역량을 분석하고, 보유한 역량을 보여주거나 부족한 역량을 보완할 수 있는 계획을 구체적으로 세워야 한다.

그리고 마지막 단계가 '실행'이다. 해당 직무가 필요로 하는 기본 스펙을 준비한다. 직무 역량과 관련된 아르바이트나 인턴십 프로그램, 대외 활

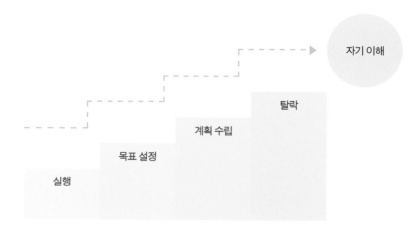

기철 씨의 취업 준비 단계

자기 이해

탈락

계획 수립

목표 설정

실행

동 등을 포함한다. 이후 입사지원서, 면접을 준비하고 입사지원을 한다.

그러나 우리는 대부분 위의 그림처럼 기철 씨의 취업 방법을 따라간다. 자기 이해는 패스하고, 일단 토익과 같은 기본 스펙을 쌓고 취업이 다가오는 마지막 학기에 갑작스러운 입사지원(실행)을 시작한다. 그때부터 취업포털 사이트를 뒤지며 직무 선택이 이뤄진다. 실행과 동시에 '목표 설정'을 하는 것이다. 직무 분석 특강에서 내가 그 직무에 지원할 만한지 짐작해본다.

다음은 '계획 수립'이다. 시간이 없다. 만약 4학년 1학기라면, 남은 한 학기 동안은 벼락치기로 그 직무와 관련된 경력이나 인턴십을 쌓는다. 마지막 학기라면? 선택지는 두 가지다. 휴학을 해서 경력을 쌓거나, 지난 4년간 진행했던 모든 활동을 영혼까지 끌어모아 직무에 맞는 경력처럼 각색하는 것이다. 당연히 탈락한다. 셀 수 없는 탈락이 이어지고 나서야 기철 씨의 진로 고민이 시작되는 것이다.

스펙 초월 채용은 취업의 단계를 제대로 밟은 학생을 뽑는 채용 방식이다. 토익과 스펙은 조금 낮더라도 자기소개서를 채운 4년간의 모든 경력과 경험이 직무와 관련된 일로 가득한 인재가 있다. 단순히 독특하고 창의적인 인재를 뽑는 것이 아니라 스펙에 가려진 직무 역량의 달인을 찾는 것이다. 수백 명이 동시에 지원해도 실무자는 그런 지원자를 한눈에 알아볼 수 있다. 토익 만점자보다 인사담당자에게 기억에 남는 지원자는 실제로 사과를 팔아보았거나 바나나와 복숭아를 팔아본 경험을 사과를 파는데 적용할 수 있는 인재다.

많은 지원자들은 직무에 맞는 나를 만들어낸다. 그러나 직무에 맞는 나를 급조하면 아무리 잘해도 평범한 지원자에 그칠 뿐이다. 운 좋게 서류를 통과해도 면접까지 속이긴 어렵다. 그러나 4년간 목표 직무만을 위한 경력과 경험, 대외 활동을 풍부하게 쌓아온 지원자는 면접에서 특히 두각을 나타낸다. 기철 씨가 '사과를 파는 일'에 대해 설명할 때, 지영 씨는 정답이 아니더라도 '다양한 경험에서 배운 사과를 파는 자신만의 노하우와 기술'을 이야기한다.

그러므로 직무 분석이 아니라 직무 선택이 먼저다. 방향을 선택해야 달릴 수 있다. 당신이 뛰지 못하는 이유는 열정이 없어서가 아니라 확신이 없기 때문이다.

직무와 직업을 선택하는 6-STEP

"취업 준비, 어떻게 시작해야 하나요?"

다 아는 것 같은데도 막상 이런 질문을 받으면 쉽게 답이 나오지 않는다. 기껏해야 이력서, 면접 준비 잘하라는 조언으로 끝이 난다. 음식을 만들 때 필요한 건 레시피, 말 그대로 조리법이다. 예전에는 요리연구가들이 써낸 책들이 주를 이뤘으나 이제는 가장 쉽고 누구나 따라 할 수 있는 '백종원의 레시피'가 트렌드가 되었다. 취업 준비도 이해할 수 있고 따라 할 수 있어야 하는데 전문가들의 강의는 너무 어렵다. 그래서 정리했다. 자기소개서를 쓰기 전, 면접을 보기 전에 다음의 6단계를 완성해보자.

앞서 이야기했듯이, 취업의 키워드는 직무적합성이고 결국 내가 '직무 역량'을 가지고 있다는 것을 증명하는 것이다. 직무 역량을 증명하려면 우선 내게 맞는 직무를 선택해야 한다. 그럼 직무는 어떻게 선택해야 할까? 확신을 갖고 직무를 선택하려면, '자기 이해'와 '전공' 그리고 '역량', 이 세 가지 분석이 제대로 이뤄져야 한다. ❶번 '자기 이해' 과정은 앞서 이야기한 것처럼 적성, 흥미, 성격, 가치관이라는 큰 울타리 안에서 내가 아는 나(주관적), 남이 보는 나(객관적) 부분을 모두 반영해 적합한 일을 찾아내는 과정이다.

남이 보는 나   내가 아는 나

  우선 '남이 보는 나'를 정리해본다. 직업심리검사를 통해 내가 가진 적성, 흥미, 성격, 가치관을 반영할 수 있는 직업을 추려낸다. 다음은 '내가 아는 나'다. 검사로 확인할 수 없는 나에 대한 성찰의 과정이 필요하다. 종이 하나를 꺼내놓고 적성부터 가치관까지, 초등학교 시절부터 현재까지 나의 이야기를 적어보자.

  자기 이해의 과정을 단순히 적성검사로만 이해하는 경우가 많다. 다시 한번 말하지만, 자기 이해의 과정은 '성찰'이다. 그러니 검사지 해석만 받지 말고, 내 손으로 적은 '내가 아는 나'를 돌아본 후에 객관적인 검사와 나의 생활사를 더해 일을 찾을 수 있도록 하자. 거듭 말하지만 정답은 없다. 그러나 최선은 있다.

❷번 '전공' 분석은 내 전공에서 할 수 있는 직업이 무엇인지, 내 전공을 선호하고 우대하는 일은 무엇인지 탐색하는 것이다. 나는 내가 배운 전공을 얼마나 잘 알고 있을까?

내 전공으로 할 수 있는 직업은?

아는 대로 적어보자. 생각보다 얼마 되지 않을 것이다. 흔히 전공 분석을 하라고 하면 홈페이지를 뒤져본다. 그 홈페이지 데이터는 언제 만들어졌을까? 어제 있었던 일이 오늘 사라지고, 오늘 없던 일이 내일 생겨나는 시대다. 최신의 정보가 필요하다. 취업포털 사이트를 뒤져라. 워크넷, 커리어, 사람인, 잡코리아, 인크루트 어디든 좋다. 지금 바로 취업포털 사이트에 접속해 채용 공고 항목에서 자신의 전공명을 검색해보자. 연관된 채용 공고가 보일 것이다. 그걸 정리하자. 어떤 업종의 어떤 기업들이 어떤 직무로 내 전공을 선호하는지, 비슷한 유형끼리 묶어 전공으로 할 수 있는 일을 정리해보자. 기억하자. 나를 원하는 곳에 지원해야 합격할 확률이 높아진다.

다음은 ❸번 '역량' 분석이다. 현재 내가 가지고 있는 능력을 분석하는 것이다. 현재 내가 보유하고 있는 지식, 기술, 태도 및 행동의 강점은 무엇인지를 점검해보는 과정이다. 전공이나 교육을 통해 배운 지식과 관련 자격, 수상 경력, 아르바이트나 인턴 등의 경험에서 얻을 것들을 토대로 적합한 직무를 찾아보는 것이다.

현재 나의 역량은?
태도(ATTITUDE): 경험, 경력
기술(SKILL): 자격증, 수료증
지식(KNOWLEDGE): 전공, 교육

결국 내게 적합한 직무는 적성에 맞으면서도 전공을 우대하고, 관련 지식이나 경력 등이 있어야 한다. 아직 졸업까지 시간이 있다면, 역량은 얼마든지 쌓을 수 있다. 그러니 일단 전공과 관련 있는 일 중에서 적성에 맞는 직무를 찾아보자. 직무를 선택하면 그에 맞는 경험과 경력을 쌓아가면 된다.

이 공식을 활용해 기철 씨에게 적합한 직무를 찾아보자. 기철 씨는 어떤 것을 평가하거나 분석하는 것을 좋아하고(적성), 국어국문학을 전공했으며(전공), 글을 잘 쓴다는 평가를 종종 받았다. 또 전공과목을 공부하면서 문학이나 글쓰기와 관련된 기본 지식을(역량) 쌓을 수 있었다. 기철 씨에게 적합한 직무는 무엇일까? 글과 관련된 직무일 것이다. 그중에서도 무언가를 분석하고 평가하는 것을 글로 푸는 직업이라면 더 좋다. 비평가나 평론가, 에디터와 같은 직업이 있을 것이다.

직무를 선택했다면, 다음은 직업을 선택하기 위한 분석으로 들어간다. 기철 씨는 에디터와 관련된 직무를 선택했다. 이제 입사지원과 면접을 준비하기 위해 자신의 목표를 조금 더 구체적으로 만들어야 한다. ❹번 '직무' 분석은 내가 선택한 직무에서 요구하는 역량을 파악해 자신이 해당 직무에 적합한 역량을 갖고 있다는 근거를 만드는 것이다. ❺번 '업종' 선택은 어떤 업종에서 일하고 싶은지 선택하기 위해 평소 자신이 흥미를 가진 분야와 업종의 전망 등을 파악해보는 과정이다. 잡지회사도 다양한 업종이 있다. 여행, 여성, 남성, 패션, 자동차, IT, 게임 등 기철 씨는 이 중에서도 평소 좋아하는 패션 전문 잡지회사로 업종을 정했다.

마지막 ❻번 '기업' 분석은 기업이 추구하는 가치와 자신의 직업관을 고려하여 목표 기업을 선택하고 해당 기업의 사업과 규모, 시장점유율, 안정성, 연봉, 급여와 복리후생 등을 파악해보는 과정이다. 내가 하고자 하는 일을 왜 그곳에서 하고 싶은지 설명할 수 있어야 한다. 우리나라 대표 패션잡지사인 보그 코리아와 엘르 코리아에 동시 지원할 수는 있다. "왜 이 일을 하고 싶은가, 왜 우리 회사인가"라는 질문에 대한 답을 보크 코리아와 엘르 코리아에 맞게 준비하는 것이다.

이런 모든 과정을 거쳐 기철 씨는 보그 코리아 혹은 엘르 코리아를 목표로 하는 패션 전문 에디터로 목표 직업을 설정했다. 만약 기철 씨가 저학년 때 이런 과정을 거쳤다면, 대학생활 4년간 목표에 맞는 다양한 경험과 경력을 계획하고 쌓을 수 있었을 것이다. 그럼 갑작스레 패션 잡지사에 지원하게 된 평범한 구직자가 기철 씨를 이기기란 쉽지 않을 것이다.

직무 분석과 기업 선택을 위한
정보 탐색 가이드

직무 분석을 하기 위해서는 관련 정보들을 얼마나 다양하게, 그리고 제대로 파악할 수 있는지가 관건이 될 수 있다. 어떻게 탐색하는지에 따라 선택의 결과도 달라질 수 있기 때문이다. 어디에서 어떤 자료들을 살펴보고 활용해야 할지 잘 모르겠다면, 지금 여기서 안내하는 길을 표지판 삼아 따라가 보도록 하자.

직업 정보의 바다, 워크넷 활용하기

워크넷이 제공하는 한국직업정보시스템은 다양한 직업 정보를 여러 가지 방법으로 검색해볼 수 있도록 되어 있다. 키워드나 조건을 설정해 검색해볼 수도 있고, 나의 지식이나 능력, 흥미에 적합한 직업 정보를 탐색해볼 수도 있다. 그 외에 한국직업전망, 직종별 직업사전 검색, 테마별 직업탐방 및 이색 직업, 잡맵Jobmap(228개 산업과 426개 직업별 소득, 종사자 수, 여성비율, 근속 연수 등 노동시장 정보를 찾아보는 프로그램), 커리어엔진 (뉴스레터) 등 다양한 직업 정보에 관한 자료들도 찾아볼 수 있다.

만일 '마케팅'에 관심이 있어 키워드로 검색해보면, 마케팅에 관한 직업 정보와 직업 전망 등 관련한 정보가 총 229건 검색된다. 이 가운데 '마케팅 사무원'이라는 직업을 클릭해서 살펴보면, 해당 직업이 하는 일, 교육 · 자격 · 훈련, 임금 · 직업만족도 · 전망, 능력 · 지식 · 환경, 성격 · 흥미 · 가치관, 업무 활동에 관한 자료들을 일목요연하게 살펴볼 수 있을 것이다.

▶워크넷 〉 직업 · 진로 〉 직업정보 _ 한국직업정보시스템

국가직무능력표준(NCS) 학습모듈 활용하기

NCS는 산업 현장에서 직무를 수행하기 위해 요구되는 지식, 기술, 태도 등의 내용을 국가가 산업 부문별 수준별로 체계화한 것을 말한다. 이는 교육훈련기관의 교육훈련 과정, 교재 개발 등에 활용되고 있고, 근로자를 대상으로 채용 배치, 승진 등의 체크리스트와 자가진단 도구로도 활용이 가능하다. 관련 내용을 살펴볼 수 있는 사이트(www.ncs.go.kr)에 들어가면 자세한 정보를 더 확인할 수 있을 것이다. 또한 이 사이트에서 제공되는 NCS 및 학습모듈 검색에서 분야별 직무 내용을 구분하여 직무 자료를 찾아볼 수 있다. 관심 직무에 대한 세부적인 과업 내용과 필요 역량, 환경 및 자기 이해에 이르기까지 직무 이해와 함께 체계적인 경력 설계를 하는 데 도움이 될 것이다.

위의 여러 분야들 가운데 '경영 · 회계 · 사무'를 클릭하면 세부 분류를

통해 관심 직종을 찾아볼 수 있다. 중분류에서 '기획사무'를 선택하고, 소분류에서 '마케팅'을 선택하고, 세분류에서 '마케팅전략기획'을 선택하면 능력 단위별로 업무 내용을 확인할 수 있을 것이다.

워크넷이나 NCS 사이트 이외에도 기업 홈페이지나 취업포털 사이트들을 통해서도 직무 관련 정보들을 찾아볼 수 있다. 표준화된 직무라 할지라도 기업이나 업종에 따라 세부적인 영역에서 차이가 있을 수 있다. 기업 홈페이지에서 제공되는 직무 분석 자료를 활용하면 도움이 될 것이다. 그런 자료가 제공되지 않는 기업이라면 유사 업종의 기업 자료를 참고해도 좋다.

▶국가직무능력표준 사이트 〉 NCS 및 학습모듈 검색

직무 분석을 위한 직업체험, Job Shadowing

위의 정보들을 활용하는 것이 모두 똑같은 자료를 토대로 직무 분석을 하는 것이라면, 차별화를 만들어내기 위한 직무 분석 방법도 있다. 직업체험Job Shadowing의 경우가 그렇다. 이는 자신의 관심 직업 종사자를 그림자처럼 따라다니며 실전 체험을 통해 해당 직업을 이해하고 배우는 것을 의미한다. 간접체험(이메일, 전화, 기타 매체 활용)을 할 수도 있고, 직접체험(인턴, 직장 체험, 아르바이트, 현장 인터뷰, 멘토링, 특강)을 해볼 수도 있다.

만약 직업 현장을 찾아 직무에 관한 인터뷰를 한다고 해보자. 어떤 질문들을 해볼 수 있을까? 다음은 질문의 예시들이다.

● 진로 탐색 관련 해당 분야를 선택한 이유는 무엇인가요? 해당 분야에서 경력 개발을 위한

경로는 무엇인가요? 해당 분야의 성장 잠재력과 고용 전망은 어떻습니까? 해당 분야로의 진출을 위해 미리 해볼 만한 경험은 무엇인가요?

● 직무 관련 해당 직무의 적당한 급여의 범위와 향후 성장 가능성은 어떤가요? 하루 일과가 어떤가요? 직무를 수행하는 데 가장 어려운 점은 무엇인가요? 직무 수행에 필요한 지식, 능력, 경험은 무엇인가요?

● 기업 및 조직 관련 기업의 조직 문화, 분위기는 어떤가요? 해당 기업을 선택한 이유는 무엇인가요? 기업에서 요구하는 특성과 자질은 무엇인가요? 기업의 성장성과 비전은 어떤가요?

● 구직 관련 취업 경험에서 강조하고 싶은 부분은 무엇인가요? 해당 조직과 다른 경쟁 조직을 비교한다면 장단점은 뭔가요? 근무 만족도와 추천 여부는? 해당 조직에 취업하기 위해 반드시 해야 할 일이 있다면 무엇인가요?

실제로 한번 직무 인터뷰에 도전해보고, 다음을 작성해보자.

● 내가 전공한 학과 출신자를 주로 채용하는 기업 5곳을 찾아보자.

● 나의 전공이 해당 기업에서 어떤 모집 직무에 해당하는지 찾아보자.

● 조사한 직무 중 본인이 희망하는 직무를 세 가지로 정리해보자.

기업 선택 시 고려사항

1) 경제적 측면

재정 안정성, 사업 규모, 사업 부문, 주요 상품 및 브랜드, 연봉, 최근 기업 이슈, 시장 동향 등

2) 근무 환경 측면

소재지, 근무 시간, 출퇴근 거리

3) 학습과 성장 측면

기업 비전 및 전략, 주요 연혁, 시장점유율, 주력 제품의 시장점유율, R&D 투자비율

4) 인사제도 측면

급여제도, 채용 절차, 복리후생, 경력 개발 계획

5) 안정성 측면

고용안정성, 파트너십, 기업 형태

6) 개인적 측면

비전, 종교적 신념, 가치관 등

기업 정보를 탐색하는 법

관심 기업 분석에 앞서 동종 업계 흐름 파악을 위한 정보 수집은 필수다. 다음의 산업 및 기업 동향 정보들을 확인해보자. 산업 동향 및 뉴스 KISLINE(www.kisline.com: 기업정보 서비스로 금융기관, 대기업, 외감기업, 전문팀에서 가장 많이 사용하는 기업정보 사이트다), 금융감독원 전자공시시스템(dart.fss.or.kr: 기업의 사업보고서를 확인해볼 수 있다), 상장기업분석 및 순위(comp.fnguide.com: 컴퍼니 가이드), 한국신용정보원(www.kcredit.or.kr: 신용정보, 기술정보), 네이버 금융 산업분석리포트(finance.naver.com).

기업 정보를 제공하는 사이트도 있다. 워크넷을 비롯하여 중소기업현

황정보시스템(우수중소기업 DB 제공), 한국기업데이터(중소기업 신용정보 제공), 고비즈코리아(중소기업 무역컨설팅 제공), KOCOinfo(상장기업 정보), E클러스트(전국 산업단지 현황 정보), 크레탑(기업 신용정보) 등이다.

기업 홈페이지에서 해당 기업의 역사와 비전, 세부 사업 내용 및 제품, 인재상과 채용 프로세스, 채용 공고 등도 확인해보자. 상장기업의 경우 홈페이지에 게재된 IR(Invertor Relation) 자료도 볼 수 있다. 기업 이슈와 CEO 비전 및 보도자료, 기업의 사보 및 커뮤니티 등도 참고 자료가 된다.

'히든 챔피언'을 주목해보자

세계 시장 지배력으로 점유율 1~3위를 차지하고 있는 글로벌 경쟁력이 뛰어난 히든 챔피언, 중견기업이 많이 있다. 연구개발에 집중함으로써 기술력에서 경쟁적 우위를 차지하고 있고, 매출액 대비 R&D 비중이 2% 이상 차지하는 기업들로 성장 가능성이 매우 크다. 글로벌 기업을 지향하며 3년 평균 매출액 대비 수출 비중이 20% 이상을 차지하기도 한다. 예를 들어, 미국인 3명 중 1명이 한세실업의 옷을 입는다. 미국 수출량이 90%다. 이들 기업에 관한 정보는 중견기업정보마당(중견기업 현황 및 정책, 채용정보 제공), 스마일스토리(성장가능성이 있는 중소기업 정보 제공), 월드클래스 300(정부 육성 글로벌 강소기업 300개), 한국중견기업연합회 등에서 찾아볼 수 있다.

헤어지지 못하는 전공,
떠나지 못하는 구직자

단계를 잘 밟은 기철 씨는 운이 좋은 편이다. 자신의 적성과 전공을 서로 엮을 수 있었으니 말이다. 전공을 버리지 않는 것만으로도 적합한 직무를 찾는 일이 수월해진다. 첫 취업부터 그다음 이직과 전직까지, 전공은 생각보다 직업 선택에서 오랫동안 구직자들의 발목을 잡는다.

고등학교 때 이런 사실을 알았다면 그렇게 쉽게 전공을 정하지 않았을 것이다. 가끔 우리 학생들에게 전공을 선택하게 된 과정을 듣다 보면, 옷이나 컴퓨터를 살 때보다도 더 쉽게 전공을 선택한 것 같다는 생각이 든다. 자신에게 어울리는 옷을 사는 짧은 순간에도 많은 질문에 답을 하고 결론을 내린다. 옷 한 벌을 살 때도 그 옷이 내 피부색과 잘 맞는지, 단점을 가려주는지, 집에 있는 옷과 어울리는지, 가격은 어떤지, 평소에 자주 입고 나갈 수 있는지 등 수많은 평가와 심사를 거치는 것이다. 때로는 이런 고민이 귀찮아 평소에 잘 입었던 익숙하고 안전한 스타일의 옷을 구매하기도 한다.

하다못해 하나의 티셔츠를 살 때도 이런 과정을 거치는데 전공은 그렇지 못하다. 전공을 지원하기 전에, 특정 전공 홈페이지에 들어가 어떤 교과목을 듣는지, 보통 어떤 직업으로 많이 진출하는지 살펴봤다면, 당신은 전공 선택에 있어 비교적 우수한 학생이다. 이런 과정이나 수많은 질문이 귀찮다면, 적어도 평소에 좋아했거나 익숙한 분야의 전공을 선택했어야 한다. 그런데 내가 만난 많은 학생들은 보통 이런 생각을 하며 전공을 선택한다.

'평소 관련된 공부를 접해봤거나 자세하게 살펴본 것은 아니지만, 들어가면 대강 이런 공부를 하겠지, 뭐. 나름 괜찮겠는데?'

전공은 취업의 기본이다

사과를 파는 일에 딱 맞는 인재를 채용하려면, 전공이 사과를 파는 일과 관련돼 있는지도 중요하다. 적성에 맞춰 전공을 선택한 경우가 드물다는 것을 인사담당자도 안다. 그들도 한때는 전공이 맞지 않는 구직자였을지도 모른다. 그럼에도 그들이 전공을 우대하는 이유는 뭘까?

기업은 채용에서 모험보단 안정적인 선택을 선호한다. 관련 전공자면서 적당한 경력과 경험이 있는 사람에겐 '못해도 중간은 가겠지'라는 믿음이 있다. 그러다 보니 전공을 우대하는 직무에선 전공 자체가 하나의 스펙이 되는 것이다. 직무를 결정하는 6-STEP에서 언급한 역량도 전공과 관련이 깊다. 역량은 쉽게 표현하면, 스펙이다. 스펙은 보이는 것과 보이지 않는 것이 있다. 취업에선 당연히 눈에 보이는 스펙이 유리하다. 열정과 끈기처럼 보이지 않는 역량은 증명하기 어렵다. 역량은 크게 세 가지로 나뉜다. 태도, 기술, 지식. 이 세 가지를 줄여 'ASK'라고 부르자.

여기서 지식(K)은 전공으로 대신할 수 있다. 4년 동안 내내 전공과 관련된 지식을 쌓았으니, 전공만 봐도 사과를 팔 만한 기본적인 지식 여부를 가늠할 수 있다. 기술(S)은 자격증이나 대외 활동, 수상 경력과 같은 일종의 스펙이다. 따로 준비하지 않는 한, 기술은 대학 전공과 관련된 경력이나 경험, 자격증으로 채워지는 경우가 많다. 특히, 직무 역량을 사전에 경험하는 인턴십이나 실습은 보통 학과를 통해 진행된다. 이 때문에 전공과 상이한 경력이나 경험을 쌓기가 쉽지 않다. 사과를 파는 것이 적성에는 영 안 맞았지만, 과일가게에서 4년 동안 지내다 보니 자신도 모르게 사과를 파는 역량이 쌓이는 것이다.

취업에서 자신의 전공을 버리는 것은 대학에서 쌓았던 전공 지식과 역량을 인정받지 않겠노라 선언하는 것과 같다. 대부분의 직무는 우대하는 전공이 있다. 물론 '전공 무관'이라 적힌 직무에 지원해도 된다. 그러나 전공 무관이라고 적힌 직무가 혹시 '특별한 전공 지식이 필요 없는 직무로, 내가 아니어도 누구나 할 수 있는 일'이 아닌지 생각해볼 필요가 있다. 이런 일은 내가 아닌 다른 사람으로 대체되기 쉽다. 결국, 전공 없이는 양질의 일자리를 구하기 쉽지 않은 것이다.

전공과 상관없이 경기를 뛰어야 한다면

세상일이 맘대로 되면 좋겠지만, 그렇지 못할 때가 더 많다. 전공도 버리면 내 손해인 것을 알지만, 어떡하란 말인가? 전공과 함께라면 1분 1초가 괴로운 것을.

그 기분을 나도 잘 안다. 나 역시 전공 부적응자였다. 신문방송학과 출신이 진로와 취업 교육을 하고 있다. 다행인 것은 아주 잘해나가고 있다는 사실이다. 어디서 부끄럽지 않을 정도로 경력을 쌓았고 사업까지 하며 사는 산증인이 바로 나다. 그러니 전공이 안 맞는다고 너무 두려워하지는 말자. 대학에 잘 간 친구들이 반드시 성공하는 건 아니듯이 전공을 내세우지 않아도 얼마든지 성공할 수 있다. 다만 당장 목표로 하는 직무에 채용되는 일이 남들보다 까다로울 뿐이다. 만약 저학년이라면, 편입이나 전과라는 제도를 이용해 전공과 적성을 일치시키는 것이 더 좋을 것이다. 그러나 편입이나 전과를 하지 못하는 상황이라면 어떻게 해야 할까?

우리는 6-STEP에서 '내가 그 직무에 적합한 인간입니다'라고 판단하는 세 가지 기준을 배웠다. 첫 번째는 적성이고, 두 번째는 전공, 세 번째는 역량이다. 이 세 가지 요소에서 전공을 지워보자. 그럼 적성과 역량만이 남을 것이다. 간단하다. 남은 이 두 가지를 남들보다 철저하게 준비하면 된다. 결국 취업은 인사담당자를 설득하는 일이다. 전공이 일치하지 않아 감점되는 페널티 대신 플러스 알파가 있음을 설득하면 된다. 지원하는 직무와 전공은 일치하지 않지만, 전공자보다 더 많은 역량을 가졌다는 것을 증명하는 것이다. 포트폴리오부터 인턴십, 수상 경력처럼 지원 직무와 관련된 경력이 필요하다.

전공 부적응자는 첫 입직이 가장 힘들다. 그러나 특정 기술직과 전문직이 아닌 이상 비전공자라는 페널티를 넘어서면 더 이상 전공은 장애물이 아니다. 채용 이후는 실적과 경력 싸움이다. 오히려 적성을 찾지 못한 상태에서 전공 따라 취업하면 첫 입직은 쉬워도 그다음이 어렵다. 취업 후에도 지속적으로 일에 대한 확신이 없다면 전공에 계속 발목이 잡힌다. 특별한 경력이나 이력이 없기 때문에 적성에 안 맞지만 그와 관련된 곳으로 이직할 수밖에 없는 것이다.

직무 목표는 있는데 전공이 안 맞는 상황이라면 당장 부족한 직무 역량을 채울 수 있는 방법을 모색해보자. 어려운 취업 이후에는 분명 남들보다 더 빠르게 앞서나갈 수 있을 것이다. 적성도 모르겠고 전공도 모르겠다면? 이 책의 3장을 다시 정독해보자. 전공 따라 취업할 수 없으면 적성이라도 찾아야 한다. 다시 이 명언을 꺼내본다. 알기만 하는 사람은 좋아하는 사람만 못하고, 좋아하는 사람은 즐기는 사람만 못하다.

자기소개서:
사랑하는 사람을 설득하는 연애편지

　구직자라면 자기소개서라는 단어만 들어도 두통이 생긴다. 내 생각을 글로 표현하는 것이 어려울뿐더러 작가도 아닌데 없는 내용을 쥐어짜는 창작의 고통에 시달린다. 취업을 하려면 자기소개서는 누구나 거쳐야 할 관문이다. 자기소개서 전문가도 있다고 하지만 첨삭을 받으려면 일단 직접 몇 줄이라도 써야 하니 미칠 노릇이다.

　그러나 자기소개서를 극도로 혐오하는 구직자라도 이 내용만큼은 읽고 넘어가길 바란다. 이 책에서 나는 지원하는 기업이나 직무와 상관없이, 우리가 쉽게 놓치는 자기소개서와 면접의 기본기만을 다룰 예정이다. 기업과 업종별 자기소개서 작성 비법은 검색만으로도 쉽게 정보를 얻을 수 있다. 다만, 기업이 자기소개서와 면접을 왜 필요로 하는지, 채용에서 자기소개서와 면접의 역할을 어떻게 이해해야 하는지 설명해주는 곳은 많이 없다. 이미 앞에서 말하지 않았나? 고기를 잡는 방법을 배우기 전에 왜 잡는지를 알아야 그다음이 쉽다.

인사담당자가 자기소개서를 검토하는 시간은 평균 5분에서 8분이다. 몇 날 며칠을 꼬박 밤을 새워가며 써낸 자기소개서는 꼼꼼히 읽히지도 못한 채 합격 여부가 결정된다. 자기소개서의 합격 여부는 구직자가 자기소개서의 문맥 하나하나를 두고 씨름한 시간과 비례하지 않는다. 수려한 글쓰기 능력도, 멋진 명언도, 매끄럽게 이어지는 문맥도 그저 부수적인 것이다. 그럼에도 많은 구직자들은 부수적인 것에 많은 시간을 매달린다.

뻔한 이야기지만, 구직자의 자기소개서가 탈락하는 가장 큰 이유는 진정성이 없거나 역량이 부족해서다. 그럼 진정성부터 짚어보자. 진정성이 없다는 것은 해당 직무에, 그리고 해당 기업에 적합하지 않다는 것이다. 그 일이 무엇인지 그 회사가 어떤 회사인지 알지 못하고 무작정 지원하는 경우다. 거기에 덧붙여 자신의 역량이 무엇인지조차 제대로 파악하지 못하고 그냥 쓰고 본다.

자기소개서는 내가 짝사랑하는 사람에게 사귀자고 설득하고 요청하는 일종의 연애편지다. 상대방은 연애편지의 진정성을 알아보기 위해 '이 사람의 사랑 고백과 연애편지에 쓰인 내용이 모두 사실인가?'를 판단한다. 우리가 쓴 연애편지가 진정성이 없는 데에는 대체로 두 가지 이유가 있다. 첫째, 연애편지의 상대를 사실은 사랑하지 않는다. 더구나 연애편지를 쓰기 전까지, 상대가 이 세상에 존재하는지조차 몰랐던 경우도 많다. 그러다 보니 상대에 대한 이해가 부족하다. 상대방은 돈까스를 좋아하는데 초밥을 사주겠다고 하거나 함께 바다에 갈 사람을 찾는데 산에 대한 이야기만 늘어놓는다. 초점이 어긋난 상태에서 내 장점을 아무리 잘 피력한다 한들 의미가 없다.

둘째, 근거가 부족하다. 오래전부터 너를 사랑해왔다고 주장하고 있지만 사실이 아니다 보니 구체적인 근거가 없다. 언제부터 너를 사랑해왔는지, 그 계기는 무엇인지, 많은 사람 중에서 왜 하필 너였는지, 너의 어떤 부분이 가장 맘에 들었는지, 너와 사귄 후에는 네게 뭘 해줄 것인지 등 서술하는 곳곳마다 나만의 구체적인 근거가 있어야 한다. 특히, 그 근거가 일반적이지 않고 나의 경력과 경험을 통해 증명할 수 있다면 더 좋다.

결국 진정성을 가장 잘 표현하는 방법은 오래전부터 그 기업과 직무를 꿈꾸며 키워온 나만의 이야기를 구체적인 근거와 함께 담아내는 것이다. 혹은 철저한 직무와 기업 분석, 관련된 경험을 구체적인 근거로 만들어 진정으로 사랑하고 있는 척 속이는 것이다. 보통 전자보다 후자의 경우가 더 많다. 사랑해도 어려운 것이 연애편지인데, 사랑하지도 않는 상대에게 연애편지를 쓰려니 머리가 아픈 것이 당연하다.

보이는 스펙, 보이지 않는 열정

다음으로 역량에 대해 이야기해보자. 역량은 '전공은 취업의 기본이다'의 내용에서 설명한 것처럼, 보이는 것과 보이지 않는 것으로 나뉜다. 이력서는 보이는 스펙을 정리하는 것이다. 인사담당자는 이력서로 직무와 비슷한 경력이 있는지, 관련 자격증과 전공 지식은 갖고 있는지 등을 판단한다. 자기소개서를 아무리 멋지게 써도 역량이 부족해 보이거나 직무와 동떨어지면 합격하기 힘들다. 최소한 평균적인 이력 수준을 가져야 자기소개서를 평가받을 기회가 주어진다.

자기소개서는 보이지 않는 역량을 보여주는 곳이다. 보이지 않는 역량이란 열정, 도전정신, 리더십, 커뮤니케이션처럼 이력서에선 알 수 없지만 조직생활과 직무 수행에 필요한 역량을 말한다. 보이는 역량이 다른 지원자와 비슷한 수준이고 자기소개서의 진정성도 충분히 잘 드러나는데 서류에서 탈락했다면, 보이지 않는 역량이 원인일 가능성이 높다.

많은 지원자들이 '성격의 장단점'에서만 자신의 인성을 평가받는다고 착각한다. 그러나 인사담당자는 자기소개서의 모든 항목에서 지원자의 성향과 성격을 평가하고 조직에 적합한 인물인지를 평가한다. 항목마다 의도가 다르지만, 각 항목을 모아두면 지원자의 성격과 인성을 짐작할 수 있도록 작성해야 한다. 가끔 자기소개서를 검토하다 보면, 성장 과정부터 입사 후 포부까지 각 항목이 '서로 다른 사람인가?' 싶을 때가 많다. 이런 자기소개서는 진정성이 떨어진다.

예를 들어보자. 성격의 장점이 '리더십'이라고 작성한 지원자는 성장 과정에선 내성적이지만 맡은 바 책임을 다하는 사람이 되어 있었다. 한 지원자는 직무와 관련된 경험을 서술하는 항목에서 팀 프로젝트를 하는 동안 팀원 간의 소통 불화를 극복해 더 나은 결과를 얻은 사례와 함께 팀워크의 중요성을 강조했다. 그러나 지원 동기에선 홀로 연구에 몰입할 수 있는 직무의 특징이 자신과 잘 맞는다고 했다. 과연 이 지원자는 팀워크를 중요시하는 사람일까? 혼자 일하는 것을 선호하는 사람일까?

여러 번 이야기하지만, 취업에서 가장 중요한 것은 직무적합성이다. 그리고 자기소개서에서 가장 중요한 것은 해당 직무에서 요구하는 역량을 가지고 있음을 '경험'으로 증명하는 것이다.

채용 시장에서 "스토리가 스펙을 이긴다"라는 말을 자주 한다. 절대적인 스펙보다 지원자의 직무 경험이 중요해지면서 나온 말이다. 간혹 이 말을 그대로 받아들여 기준이 없는 여러 경험만을 쌓는 경우가 있는데, 주의해야 한다. 물론 청춘의 모든 경험은 앞으로 살아가는 데 어떤 식으로든 도움이 된다. 그러나 취업에 도움을 주는 스토리는 정해져 있다. 지원하는 직무와 관련된 스토리만이 스펙을 이긴다. 또한 각 직무마다 요구하는 기본 스펙을 충족해야 스토리로 평가받을 수 있다.

최근 들어 기업은 직무 역량과 관련된 지원자의 스토리를 노골적으로 요구한다. 특히, 대기업부터 '성장 과정, 지원 동기, 성격의 장단점, 입사 후 포부'처럼 포괄적이던 자기소개서 항목을 기업과 직무에 맞춰 구체적인 질문으로 바꾸고 있다. 아래 실제 기업별 자기소개서 항목의 예시를 살펴보자.

모두투어 지원 직무와 관련해 새롭게 학습한 지식이나 기술을 구체적 사례를 통해 작성하라.

에쓰오일 지원자의 전공이 회사 사업과 어떤 연관성이 있는가?

현대건설 어려운 현장 근무를 극복하기 위한 본인만의 강점이 무엇인가?

효성 해당 직무와 관련한 대학 시절 수강 과목, 교내외 활동, 남다른 지식이나 재능 등을 예를 들어 설명하라.

네 가지 질문 모두 '구체적인 사례나 근거'를 통해 지원자의 직무 역량을 증명하는 것이 목적이다. 기업이 지원자에게 원하는 답이 분명하다는 뜻이다. 예전에는 적당히 꾸며 쓸 수 있었던 자기소개서도 직무에 대한 관심이나 직접적인 경험, 경력이 없다면 작성하기 힘들어졌다. 또한 각 질문의 의도도 명확하게 파악해야 한다. 예시로 들었던 각 질문의 출제 의도를 살펴보자.

모두투어 지원 직무와 관련해 새롭게 학습한 지식이나 기술을 구체적 사례를 통해 작성하라.

▶ 직무와 관련된 역량 중에서 지원자가 보유하고 있는 핵심 지식과 기술을 파악하고자 함.

▶ 학습 사례를 통해 회사에서 지원자가 실제 직무를 배울 때 어떤 태도로 임할 것인지 예측하고자 함.

에쓰오일 지원자의 전공이 회사 사업과 어떤 연관성이 있는가?

▶ 전공은 곧 지원자의 직무 역량 중 지식에 속함. 자신이 갖고 있는 지식을 회사에 적용시킬 수 있는 인재인가를 살펴보고자 함.

▶ 실제로 회사의 최근 동향이나 사업 방향에 대해 얼마만큼 파악하고 있는지 확인.

현대건설 어려운 현장 근무를 극복하기 위한 본인만의 강점이 무엇인가?

▶ 지원자의 직무 역량 중 직무 태도를 평가.

▶ 현장 직무의 특성과 어려움이 무엇인지를 파악하고 있는지, 극복을

위한 구체적인 대안과 사례가 현실성이 있는지 평가.

▶ 선택한 역량이 직무와 연관된 핵심 기술과 지식인지 평가.
▶ 구체적인 사례를 통해 학창 시절 직무와 관련된 핵심 기술과 지식을 어떤 과정과 태도로 쌓아왔는지 평가.

눈치가 빠른 지원자라면 이미 알아챘겠지만, 모든 질문이 역량의 세 가지 요소를 파악할 수 있도록 설계됐다. 많은 지원자가 자신의 경험을 글로 옮길 때 주로 하는 실수는 경험을 그냥 나열하는 것이다. 기업은 '네가 가진 그 경험과 경력을 통해 나한테 해줄 수 있는 게 대체 뭔데?'를 묻고 있는데, 지원자는 '나 그 일과 관련된 경험이 있어!'로 답한다. 더 쉽게 예를 들면 '너의 고백을 받아주면, 날 어떻게 행복하게 만들어줄 거니?'라는 질문에 '나 너랑 비슷한 애 사귀어본 경험이 있어'로 답하는 것과 같다.

스토리로 스펙을 이기려면, 왜 나의 스토리가 그 스펙을 이길 수 있는지 설명해야 한다는 것을 잊지 말자. 모든 질문에 적용되는 자기소개서의 서술 방식을 기억하자. 첫째, 기업이 직무 역량 중 어떤 것을 원하는지 파악한다. 둘째, 어떤 구체적인 경험과 경력으로 이를 증명할지 선택한다. 셋째, 이런 경험과 과정을 통해 무엇을 배웠으며, 실제 직무를 수행하는 데 어떤 도움을 줄 수 있는지를 구체적으로 설명한다.

말처럼 쉽지는 않다. 내가 어제 뭘 했는지, 뭘 먹었는지도 기억이 나지 않는 것이 사람 아닌가? 따라서 자기소개서를 작성하기 전에 꼭 해봐야 할 것이 있다.

STAR 기법과 경험 떠올리기

미국의 주요 대학이나 커리어 관련 업체에서는 다음의 표처럼 'STAR' 접근법으로 경험담을 정리해보는 게 도움이 된다고 말한다.

제목	[선택한 소재 표현] 예) 합리적 리더십으로 조별활동에서 좋은 평가를 받은 사례
S Situation	[선택한 상황의 개요] • 업무 상황, 배경, 히스토리
T Task	[맡은 임무와 목표] • 업무의 목적, 목표, 효과 등 추구하는 궁극적 가치 • 구체적으로 실행한 업무가 무엇인가? • 그때 무슨 일이 있었는가? • 왜 그런 단계를 거쳤는가? • 당시 내가 처한 상황은 무엇인가?

A Action Plan or Attitude	[목표 달성을 위한 구체적 실천 사례] • 구체적으로 추진한 계획이나 태도 • 그 상황에서 어떻게 반응했는가? • 나의 접근 방법은 무엇이었는가? • 나의 반응은 무엇이었는가? • 그때 무엇을 했는가?
R Result	[최종 결과] • 성과는 무엇이고, 업적은 무엇인가? • 어떤 결과를 얻었는가? • 나의 행동이 결과에 어떤 영향을 미쳤는가? • 나의 결론은 무엇인가?
Keyword	[해당 경험의 핵심 키워드] 예) 협력, 리더십, 사회성, 진취성

STAR 접근법으로 풀어내기 어렵다면, 아래 질문을 기준 삼아 차근차근 경험을 떠올려보자. 다음은 대외 활동에 관한 예시다.

대학 시절 기억에 남았던 대외 활동이 있다면? (동아리, 서포터즈, 인턴, 아르바이트 등)	1년간의 커피숍 아르바이트

대외 활동에서 칭찬이나 좋은 결과를 얻었던 경험이 있다면?	점포에서 고객의 클레임을 가장 잘 해결하는 '만능 해결사'라는 칭찬을 받았음.
대외 활동에서 좋은 결과를 얻기 위한 나만의 노력 혹은 비법은?	• 연령별 고객 클레임 해결 방법 마련. • 변명이 아닌 빠른 인정과 즉각적인 사과. • 고객의 감정을 이해하는 말 먼저 건네기.
해당 경험이 나에게 준 영향은?	• 대학 조별 활동 및 팀워크 관련 활동에서 갈등을 최소화할 수 있는 방법을 알게 됨. • 배려와 협력이 좋은 성과의 가장 중요한 열쇠라는 것을 깨달았음.
해당 경험이 지원하는 직무에 어떤 도움을 줄 수 있는가?	• 회사 생활은 다른 곳보다 팀원 간의 배려와 협력이 중요하다고 생각함. • 수많은 사례를 통한 갈등 해결 능력으로 업무 시 불필요한 감정 소모를 줄이고 원활한 커뮤니케이션으로 성과를 증대시킬 수 있음.
선택 직무와의 연관성 (선택지 중 1개 선택)	• 영업기획 • 상품을 판매하는 전략만큼 중요한 것은 구매자의 마음을 이해하는 것. 커피숍 아르바이트를 통해 상대방의 입장을 이해하고 배려하는 방법을 배울 수 있었음.

경험을 이렇게 정리해두면, 경험의 과정과 직무 역량을 연관 짓는 일이 수월해진다. 많은 구직자가 경험의 과정은 잘 이야기해도, 그 경험이

입사 후 어떻게 도움이 되는지, 무엇을 얻었는지 등에 대해선 쉽게 대답하지 못한다. 아무리 많은 경험을 쌓아도 인사담당자가 모르면 소용이 없다. 경험을 쌓는 것만큼 내 경험을 인사담당자에게 설명하는 능력도 중요하다.

입사지원서와 자기소개서, 키포인트와 체크리스트

성장 과정에서 개성을 드러내라

초, 중, 고등학교 시절에 있었던 독특한 경험이나 이야기를 개성 있게 표현하라. 일반적이거나 평범한 이야기보다는 자신의 뚜렷한 개성이나 강한 의지를 나타낼 수 있는 내용들을 언급한다. 즉, 남들이 관심을 기울이지 않던 새로운 분야에 대한 흥미나 관심, 그리고 그것을 선택한 결단이라든지 가정형편이 어려워 부모나 형제들을 돌보면서 공부해온 경험 등 읽는 사람이 공감할 수 있는 내용이 효과적이다. 성장 과정에서 영향을 많이 준 은사나 주변 인물 등에 대해 언급하는 것도 좋다.

장점을 부각하되 단점도 포용하라

자신의 장점을 최대한 나타내도록 한다. 그리고 가능하면 자신의 단점까지도 이야기하고 그것의 개선을 위한 노력의 의지도 보여주는 것이 좋다. 자신의 장점을 당당하게 이야기하고 더 나아가 단점까지도 밝힐 수 있는 솔직한 자세는 상대에게 큰 공감을 불러일으킬 수 있다. 단점에 대한 개선의 의지를 통해 뚜렷한 주관과 성실성을 보임으로써 강렬한 인상도 심어줄 수 있다. 단, 지나친 단점 부각은 역효과를 부른다. 또한 특기 사항을 언급할 때는 구체적으로 밝히도록 한다. 특히 특정 기술이나 외국어 능력, 리더십 또는 업무 수행에 도움이 될 수 있는 사항들을 자신의 체험과 함께 자세히 소개하라.

경력사항은 최대한 구체적으로 써라

학창 시절 아르바이트한 내용, 사회에 나와서 다녔던 직장들에 대한 경험을 작성한다. 구체적으로 어떠한 파트에서 어떤 역할을 수행했으며, 주요 실적이 무엇이었는지를 첨가한다. 구체적이고 적극적인 모습을 드러낼수록 좋다. 특히 전 직장 경력이 있으면 직장명과 함께 간단한 회사 소개와 근무부서, 직급(직함), 담당 업무, 주요 실적 등을 구체적으로 작성하라.

마지막 점검을 위한 체크리스트

- 불리한 내용을 담고 있지는 않은가?
- 모집 분야와 관계없는 이력서는 아닌가?
- 미래에 대한 비전이 없는 것은 아닌가?
- 추상적인 내용을 담고 있지는 않은가?
- 당신의 능력을 충분히 짐작할 수 있는 내용인가?

- 학교에서의 경력이 빠져 있지는 않은가?
- 지나치게 구구절절한 자서전이 되지는 않았는가?
- 평범하고 정형화된 내용이지는 않은가?
- 논리적이지 못한 부분은 없는가?
- 짜맞추기 식의 내용은 아닌가?
- 구체적인 경험이 드러나 있는가?
- 지원 동기가 막연한 것은 아닌가?
- 핵심 키워드가 있는가?
- 만연체의 문장으로 읽기 힘들지는 않은가?
- 판에 박힌 표현으로 지루한 부분은 없는가?
- 감상에 빠져 헤어나오지 못하는 부분은 없는가?
- 맞춤법이 틀린 부분은 없는가?

면접 :
나는 함께 일하고 싶은 사람인가?

서류 통과 후 면접 단계까지 온 구직자에게 먼저 축하를 전한다. 회사는 당신이 지원한 직무를 수행하는 데 필요한 기본적인 능력과 스펙을 갖추고 있다고 판단했다.

'어떻게든 서류는 통과했는데, 과연 이런 스펙을 갖고 있는 내가 합격할 수 있을까?' 많은 학생이 이런 걱정으로 면접을 망친다. 물론, 서류에서 꼴찌로 뽑혔을지도 모르는 일이다. 그러나 면접은 스펙의 부족함을 채울 수 있는 기회가 될 수도 있고, 지원자가 갖춘 스펙의 매력을 떨어뜨리는 덫이 되기도 한다. 그러니 스펙이 부족하다며 걱정할 시간이 없다. 서류로는 보여줄 수 없던 나만의 무기를 준비하기에도 부족한 시간이다.

다음은 '취업가능지수', 말 그대로 취업의 가능성 정도를 나타내는 지표다.

취업가능지수 = 직무적합성 × 조직적합성

취업가능지수는 직무적합성과 조직적합성의 점수가 높을수록 올라간다고 볼 수 있다. 직무적합성은 역량으로 증명할 수 있다. 그럼 조직적합성은 무엇으로 증명할 수 있을까? 바로 인성이다. 쉽게 말해, 직무와 관련된 역량이 높을수록, 조직과 함께 일할 수 있는 인성이 좋을수록 취업에서 유리하다.

이력서와 자기소개서가 직무적합성을 증명하는 과정이었다면, 면접은 그것의 사실 여부와 함께 조직적합성을 확인하는 과정이다. 기업이 서류로만 합격자를 선발하지 않는 가장 큰 이유는 역량만큼 인성도 중요하기 때문이다. 회사는 이윤을 추구하는 조직이다. 조별 활동을 떠올려보자. 조원들의 인성이 팀워크에 어떤 영향을 주었는지, 그리고 팀워크가 결과물에 어떤 영향을 미쳤는지 말이다.

실제로 취업포털 잡코리아가 직원 수 100명 이상의 기업 406개 사의 면접관을 대상으로 실시한 설문조사 결과를 봐도 알 수 있다. 면접관들이 밝힌 주요한 평가 요인(중복응답)은 '성실성과 책임감 등 인성(65%)'이 1위를 차지했다.

'면접 시 반드시 탈락시키는 지원자의 유형은?'이란 질문의 답변(중복응답)도 주목해볼 만하다. '자세, 말투 등 직장생활의 기본 소양이 갖춰지지 않은 경우(56.8%)', '지원하는 회사나 직무에 관심이 없어 보이는 경우(42.5%)', '면접 시간에 지각하는 경우(25.9%)', '제출한 자기소개서와 다른 태도나 행동을 보이는 경우(22.9%)', '자신의 경험을 지나치게 자랑하거나 과장하는 경우(21.4%)' 등을 탈락시키는 이유로 꼽았는데, 모두 인성과 태도의 문제를 지적하고 있는 셈이다.

면접을 준비할 때 잊지 말아야 할 두 가지 원칙이 있다. 이를 지키지 않는다면 면접 질문을 미리 알아도 탈락할 것이다. 첫째, 서류에 써낸 내용과 면접의 답변이 일치할 것. 둘째, 서류에선 보여줄 수 없던 나의 '조직적합성'을 강조해 함께 일하고 싶은 인재로 보일 것.

인성과 태도가 결과를 만든다

인성 축과 역량 축에 따라 지원자의 유형을 A, B, C, D로 구분해봤다. 기업은 어느 곳에 있는 사람을 선택할까?

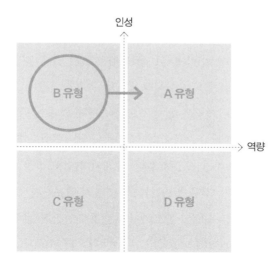

A부터 살펴보자. 당연히 A는 취업이 잘된다. 거의 대기업에 들어갈 것이다. 역량도 높고 인성도 좋으니 기업은 100% 뽑는다. 회사의 핵심 인재로 성장할 가능성도 높다. 그런데 사실 여기에 해당되는 사람은 흔치 않다.

다음은 B. 역량은 부족하지만 인성이 좋다. 중요한 것은 자신이 부족한 것을 알고 있다는 점이다. 그래서 배우려는 자세를 취한다. 이런 유형이 취업할 확률도 높다. 중소기업의 경우 여기서 80% 이상의 합격자가 나온다. 일은 가르치면 된다. 배울 자세만 있으면 된다. 기업은 그 배울 자세가 있는지를 판단하려고 면접을 보는 것이다.

세 번째 C. 역량도 부족하고 인성도 좋지 않다. 이 유형은 취업하기 어렵다. 더 안타까운 건 이 유형의 대부분은 취업에 대한 의지도 크지 않다는 것이다. 생각도 없고 걱정도 없다. 이런 친구들이 어느 학교에나 꼭 있다. 수업 시간마다 자거나 떠든다. 다른 사람은 신경도 안 쓴다. 왜 열심히 해야 하는지 모르니까 열심히 하지 않는다. 하지만 이 유형도 언젠가 B가 되는 날이 온다. 주변에서 다 취업해서 자리 잡아가는 걸 보다가 뒤늦게 정신이 번쩍 들게 되는 것이다.

마지막으로 D. 역량은 높지만 인성이 좋지 않다. 공부는 잘하는데 대인관계는 좋지 못한 친구들이다. 그런데 이들은 인성도 학습으로 배운다. 면접장에서도 자기를 잘 포장한다. 그래서 취업도 곧잘 한다. 문제는 취업 후다. 조직에서 적응 못할 가능성이 높기 때문이다. 회사생활은 혼자서 하는 게 아니라 협업이 필요하기 때문에 대인관계가 중요하다. 그런데 그게 힘들면 오래 버티기 힘들다.

기업은 함께 일하는 인재를 뽑는다는 점을 기억해야 한다. 뽑히고자 한다면, A거나 적어도 B라는 것을 증명할 수 있어야 한다. 당신의 위치는 어디인가?

내가 취업 교과목 강의를 통해 학생들에게 가르쳐주고 싶은 것은 입시 준비하듯 암기하는 취업 준비가 아니라 '함께 일하고 싶은 인재'임을 스스로 증명할 수 있게 하는 것이다. 타인과 얼굴을 마주하는 모든 순간이 실은 면접이다. 수업 시간의 자세가 면접장에서의 태도가 되고, 결국 취업 후 회사에서의 모습이 된다는 것을 잊지 않았으면 좋겠다.

면접을 대하는 태도의 관점에서 한 가지 팁을 알려주자면, 면접관이 어떤 사람인지 떠올려보라. 40~50대 남자가 가장 많다. 쉽게 말해, 아버지 같은 분들이다. 그런데 우리 아버지가 아니라 내 이성친구의 아버지라고 생각해보자. 그 아버지를 처음으로 만났다. 만남의 목적은 교제 혹은 결혼 허락이다. 어떤 표정을 지어야 할까? 어떤 자세를 가져야 할까? 적극적이어야 한다. 겸손한 자세를 보여줘야 한다. 함께하고 싶은 사람이어야 한다. 지금 거울을 한번 바라보자. 나는 함께 일하고 싶은 이미지인가?

실전 면접을 준비하는 법

어떤 마음가짐으로 면접에 임해야 하는지 알았다면, 이제 실전 면접에 대비해보자. 면접에서는 주로 어떤 질문들이 나올까? 면접관의 질문 소재는 대개 나 자신의 자기소개서에서 나온다. 역량의 증거가 될 수 있는 사건 혹은 상황과 연관하여 지원자의 선택과 조치, 반응과 대응을 살펴보는 개방형 질문을 많이 던진다. 직무 능력을 판단할 수 있는 과거의 경험에 대해 묻는 문항들도 있고, 특정 상황을 제시하고 지원자의 행동을 관찰함으로써 실제 상황의 행동을 판단하고자 하는 문항들도 있다. STAR 접근법으로 예시를 들어보면 다음과 같다.

특정 상황을 제시하는 면접 문항

S Situation	당신은 우리 기관의 교육을 운영하는 담당자다. 내일부터 서울에서 진행하는 과장급 교육과정의 대상자들 중 ○○지역 근무자가 개인 사정을 이유로 참석이 불가능하다는 내용을 전화로 통보해왔다.
T Task	위 상황에서 당신이 제일 먼저 처리해야 할 업무는 무엇인가?
A Action Plan or Attitude	• 그 업무를 처리하는 절차와 방식은? • 그 업무를 우선적으로 처리하는 이유와 근거는?
R Result	그 업무를 통해 얻으려는 결과는? 이런 상황이 다시 발생할 가능성이 있다면 어떤 대비를 해야 하나?

S Situation	• 여럿이서 함께 어떤 목적을 가지고 일을 했던 경험에 대해 말해보라. • 당신은 어떤 역할과 과제를 담당했는가?
T Task	• 여럿이서 일을 하다 보면 항상 어떤 문제가 발생하기 마련인데 어려움이나 문제는 없었나? • 혹 팀원들 간의 갈등은 없었나? • 무엇이 문제였나? • 문제를 일으킨 사람은 구체적으로 누구였나?
A Action Plan or Attitude	• 어려움이나 갈등을 어떻게 해결했나? • 어떻게 대응했나? • 취한 행동을 말하라. • 이를 위해 구체적으로 어떤 노력을 했나?
R Result	• 그 행동의 결과는 어땠는가? • 다른 사람들은 당신의 행동에 대해 어떻게 이야기했나? • 당신은 그 결과에서 무엇을 느꼈나? • 이러한 경험이 이후 당신의 행동에 어떤 영향을 주었는가?

이번에는 면접의 유형에 대해 살펴보고, 대응 전략을 세워보도록 하자. 첫 번째로, 개별 면접이다. 임원이 참석해 선발하고자 하는 인력이 조직의 문화와 인재상에 부합하는지를 판단한다는 것이 주요 포인트다. 조직

구성원과 어울릴 수 있는 사람인지 지원자의 기본자세를 주요하게 본다. 이런 개별 면접에서는 입장하는 순간부터 예의를 갖추는 것이 중요하다. 질문은 끝까지 듣고 간결하게 대답하자. 자신의 대답에 면접관이 코멘트하는 경우에는 겸허하게 받아들이는 자세가 필요하다.

두 번째, 집단 면접이다. 여러 지원자가 동시에 면접을 보는 자리이므로 타 지원자와의 상대 비교가 이뤄진다. 지원서에 담긴 내용을 확인하면서 지원자의 입사 의지와 자세, 표현력이나 논리력, 조직적응력, 직무에 관한 기본 지식 등을 주의 깊게 볼 것이다. 지원자는 최대한 긴장을 풀고 면접관 질문의 요지를 잘 파악해야 한다. 답변을 할 때는 결론을 먼저 말하고 그 이유를 두세 가지 정도로 답하는 것이 좋다.

세 번째, PT 면접이다. 특정 주제와 관련한 지원자의 발표와 질의응답을 통해 역량을 평가하는 면접이다. 발표 주제에 대해 제대로 이해하고 있는지, 발표의 구성과 주장의 내용이 분명한지, 단순하고 명쾌하게 전달하는지, 발표 내용이 구체적인 사실에 근거하고 있는지, 주장의 근거는 타당한지, 문제에 대한 답을 제시하고 있는지, 발표의 태도와 자세는 좋은지 등이 평가의 주요 포인트다. 문제의 해결 방안을 제시해야 하는 경우가 많은데, 알고 있는 사실이나 이미 발표된 주장 등을 예로 들면서 자신의 입장을 표명하도록 한다. 문제에 대한 본인의 인식과 결론은 분명히 해야 한다. 기본적인 발표 기술은 미리 연습해두는 것이 좋다.

마지막으로, 토론 면접이다. 제시한 토론 과제에 대한 의견 수렴 과정에서 지원자의 역량은 물론 상호작용 능력도 평가하는 면접이다. 토론 주제에 대해 잘 이해하고 있는지, 자신의 주장을 논리적으로 표현하고 있는지, 토론에 임하는 자세와 태도는 어떤지, 적극적으로 토론에 임하고 있는지, 타인과 의사소통에 문제가 없는지, 다른 사람의 의견을 경청하고 자기 주장과의 차이점을 파악하고 있는지 등을 주요하게 평가한다. 토론 면접에서는 의견 표명 시 극단적인 결론은 피하되, 너무 중간자적 입장을 취해 자신의 주장이 분명하지 못한 인상을 주지 않도록 하는 것이 중요하다. 다른 사람의 의견을 존중하면서 자신의 의견을 피력한다. 두세 번째 정도에 발표를 하는 것이 가장 안정적이다. 평소 시사 이슈 등에 관심을 갖고 의견을 정리해보는 습관을 들이는 것이 도움이 된다.

면접에서의 핵심은 자기를 제대로 PR하는 일이다. 짧은 시간 안에 자신을 총체적으로 표현해서 강한 인상을 남겨야 한다. 30초로 표현하는 자기PR을 한번 준비해보자. 자신의 강점을 세 가지로 요약하고 사례를 정리해보자. 지원 분야와 관련 지식, 기술, 성향을 드러내보자. 성공의 경험담을 인상적으로 표현해보자. 흥미로운 예시와 문장을 최대한 활용해보자.

면접 리허설을 위한
체크 포인트

'내가 면접관이라면?' 다음의 실제 면접 평가표 예시를 토대로 리허설을 해보자. 제3자의 도움을 받는 것도 좋다.

	평가 구분	질문 및 평가 착안점	평가
1	태도/자세	단정하고 바른 자세, 말하는 태도, 표정 관리, 건강 상태(시선 처리와 자신감 있는 목소리 등)	상 중 하
2	신뢰성	이력서에 기재된 내용의 사실성 여부(이력서를 토대로 한 질문에 대한 답변으로 일치 여부 확인)	상 중 하
3	적극성	업무에 대한 태도, 자기계발에 대한 의욕 정도(너무 과장하거나 과도한 열의는 감점)	상 중 하

4	가치관	긍정적인 사고방식, 책임감과 성실함(인생관, 평소 봉사활동 유무 등 확인)	상 중 하
5	직업관	직장에 대한 가치관, 평소의 직업관(이직을 했다면 이직을 결심한 이유)	상 중 하
6	업무 이해도	○○○에 대한 관심 및 이해도(해당 업무 영역에 대한 이해)	상 중 하
7	지원 동기	해당 기업 및 직무에 대한 지원 동기	상 중 하
8	논리적 사고력	의견 제시에서의 논리 및 일관성(주관적, 감정적 요소를 배제하고 타당한 논거를 바탕으로 한 의견 제시)	상 중 하
9	표현력	표현하고자 하는 바를 정확히 표현하는가? 어휘력이 풍부하고 적절한 용어를 사용하는가?	상 중 하
10	업무 관리	시간과 자원을 효율적으로 관리, 일의 우선순위에 대한 인식이 뚜렷하고 여러 가지 일이 닥쳐도 실수 없이 모두 효율적으로 처리하는 능력	상 중 하
11	의사 전달	자신의 의견을 명확히 전달, 자신의 주관보다 사실에 근거한 의사 전달, 평소 의사 전달을 하는 과정에서 오해가 생기지 않음	상 중 하

12	업무 추진	능동적 업무 진행, 필요한 시간이나 자원을 확보해 업무 중 장애물에 적극적으로 대처, 목표 달성을 위한 융통성 있는 접근.	상 중 하
13	팀워크	조직 내에서 자신과 팀에 필요한 사람과 중요한 사람을 정확히 파악, 협조를 얻어냄.	상 중 하
14	기타	면접관 가점 (사유:)	상 중 하

  면접 평가표를 통해 자신의 위치를 파악해보고, 그 결과를 학교 내 취업상담실, 일자리센터의 전문가에게 공유해 피드백을 받도록 하자.

경력 관리와
퍼스널 브랜딩

"무슨 일을 하세요?" 어느 날엔가 우연히 만난 사람에게 물었다. 마케터인지 엔지니어인지, 하는 일을 물었는데 이어지는 대답. "삼성 다닙니다."

일을 하는 것은 나 자신이지 회사가 아니다. 내 경력을 책임지는 사람은 나 자신이지 회사 간판이 아니라는 얘기다. 안정적인 회사에 다닌다고 인생도 평생 안정적으로 정해지는 시대가 아니다. 아무리 대기업이라도 근속 연수는 10년이 채 못 되는 것이 현실이다.

세상이 빠르게 변한다. 새로운 스마트폰의 출시 주기가 새로운 인재상의 출현 주기와 맞닿아 있다. 그 주기는 갈수록 짧아지고 있다. 대충 취업해서 정년까지 버티는 삶은 이제 없다. 전문성과 비전 없이 시키는 일만 하다가는 언제든 버려질 수 있다.

일자리는 사라지고 일거리는 남는다

대체할 수 없는 인력, 핵심 인재로 성장해야 한다. 어설프게 흉내 내는 것이 아니라 해당 직무의 전문가로 성장해야 한다. 기업이 요구하는 나를 만드는 노력보다 내게 맞는 일을 찾는 노력이 더 중요한 이유다.

불경기 속에서 기업들은 계약직과 경력직을 선호할 수밖에 없다. 1년 단위로 계약서를 쓰는 정규직 연봉제도 다를 것이 없다. 언제 회사가 망할지 알 수 없다. 일을 가르칠 여유와 시간이 없어서 경력직을 뽑는 회사가 많아진다. 그 때문에 신입은 갈 곳이 없다는 울분도 토한다.

그러나 이러한 상황에서도 뽑히는 신입이 있다. 직무에 적합한 사람이다. 진로 설정이 제대로 된 사람이다. 자신에게 맞는 일을 찾아 직업의 계단을 만들어 성장하는 사람이다. 회사가 망해도 개인은 산다. 공룡이 멸종한 이유는 변화하는 환경에 적응하지 못했기 때문이다. 우리도 마찬가지다. 기술 하나로 평생을 먹고살던 시대, 뼈를 묻겠다는 다짐이 최고의 포부였던 시대는 갔다. 급변하는 시대에 속도를 맞춰야 한다. 진화가 필요하다.

이미 4차 산업혁명도 시작되었다. 500만 개의 일자리가 사라진다. 한 시대를 풍미했던 '사' 자 들어가는 직업도 더 이상 안전할 수 없다. 어제 있었던 직업이 오늘 사라지고, 오늘 없던 직업이 내일 생겨난다.

오리지널이 되어야 한다. 이 일 저 일 찾아 헤매는 것이 아니라 내가 선택한 일에 확신을 가지고 성장할 수 있는 개인이 되어야 한다. 평생학습을 기억해야 하고, 경력 관리를 시작해야 한다. 자신의 필살기를 찾아 브랜드를 만들어 남들처럼이 아니라 나답게 사는 준비가 필요하다.

경력 관리 로드맵

'직업의 계단'을 떠올려보자. 이 계단을 하나씩 올라서기 위해서 한 가지 중요하게 고려해야 할 점은, 전직이 아니라 이직을 통한 성장이 되어야 한다는 것이다.

전직과 이직의 차이가 뭘까? 전직은 일 자체를 바꾸는 것이다. 아예 다른 일을 새롭게 시작하려면, 3년이든 5년이든 그 전의 경력은 인정받기 어렵게 된다. 그러나 이직은 같은 일을 하되 몸담고 있는 회사와 조직만 바꾸는 것이다. 일은 연속성이 있기 때문에 경력과 전문성이 동시에 쌓이게 된다.

그럼 어떻게 한 계단 올라서는 이직을 할 수 있을까? 한 조직의 핵심 인력이 되면 가능하다. 어떤 조직에서든 직무 기여도가 높은 핵심 인력들이 있다. 이 핵심 인력의 82%가 한 번 이상의 이직 경험을 갖고 있다. 이들은 언제 이직을 할까? 자신의 성장 속도가 조직의 보상 속도보다 빠른 순간이다.

어떻게 핵심 인력이 될 수 있을까? 많은 학생들이 중소기업에서 시작해도 성공할 수 있을지를 물어본다. 그러면 나는 답한다. "물론, 얼마든지 가능하지."

경력의 로드맵을 한번 살펴보자. 먼저 대기업에서 시작하는 경우, 그곳에서 정년퇴직까지 한다면 부러울 게 없겠지만 그런 이들은 전체의 2%밖에 되지 않는다. 대기업을 다니다 승진이 누락돼서 중소기업으로 향하고 거기서 퇴직을 하는 경우도 있고, 대기업을 다니다 전직을 해서 퇴직을 하는 사람도 있다.

그럼 중소기업에서 시작한 경력의 로드맵은 어떤 경우들이 있을까. 많은 사람이 중소기업-대기업-퇴직을 꿈꿀 것이다. 가능성이 크지는 않겠지만 충분히 그럴 수도 있다. 중소기업에서 일을 잘하면 소문이 난다. 우리나라 대부분의 기업 구조가 하청으로 연결되어 있기 때문에 대기업에서 결원이 발생하거나 인력이 필요할 때 공고를 내기보다 아는 곳이나 아는 사람에게 추천받는 경우가 많기 때문이다. 그렇게 중소기업에서 대기업으로 갔다가 유리천장의 한계로 다시 중소기업으로 와서 퇴직하는 로드맵도 있다. 가장 많은 경우는 중소기업-중소기업-퇴직의 로드맵이고, 최악의 경우라면 중소기업-전직-퇴직에 이르는 길이 아닐까 싶다.

당신은 어떤 로드맵을 그리고 계단을 오를 것인가? 이제라도 바른 취업을 준비하자. '누구처럼'이 아니라 '나답게' 살 수 있는 일을 찾자. 남이 웃는 것 보고 웃지 말고 내가 웃고 싶을 때 웃자. 아직 늦지 않았다. 이미 일본에서는 40대에 유학을 가고 80대에 앱을 개발한다. 거듭 강조하건대, 바르게 가는 것이 결국은 가장 빠른 길이다.

'나처럼 살지 말라'는 부모님의 넋두리를 똑같이 내뱉고 있는 우리가 되지는 말자. 훗날 아이들이 "나는 아빠 엄마처럼 살고 싶어"라고 말할 수 있도록 행복한 직업인이 되자.

나 사용설명서

대학에서 한 학기의 취업 강의를 할 때마다 늘 이런 생각을 하곤 한다.

'이 수업을 듣는 학생들이 세상에 나갈 때 다들 「나 사용설명서」 하나씩은 손에 쥐고 나갈 수 있도록 해주고 싶다.' 이게 내가 하고 싶은 교육이다.

어떤 경험이든, 경험은 하는 것에서 그치지 말고 기록되어야 한다. 내 꿈과 목표와 연관된 사람을 만나고, 관련된 책을 읽고, 생각을 정리하고, 이런 것들이 기록되는 과정이 모두 진로의 증거이자 흔적이 된다.

그런데 대개 지나온 학창 시절을 돌아보면, 기록이라고 할 만한 건 생활기록부에 적혀 있는 선생님의 한 줄 평 말고는 딱히 없다. '성품이 바르고 사물을 분석하는 능력이 뛰어남.' 그저 내가 그랬나 싶은 추억일 뿐이다. 그러다 취업을 준비하는 시기, 특히 자기소개서를 쓰면서 뼈저리게 느낀다. 쓸 말이 없다. '내가 어떤 특별한 경험을 했었나' 하고 고민이 깊어진다.

앞으로 나아갈 길의 실마리는 언제나 지나온 길에 존재하는 법이다. 그런데 그 경험을 기록하지 않으면 추억은 될 수 있어도 경력은 되지 못한다. 기록으로 남기자. 그래야 경력이 되고 증거가 된다.

'나 사용설명서' 역시 그런 것이다. 기록된 경험들. 잘하고 좋아하는 것들을 찾을 수 있게 해주고, 이를 직업과 연결시켜나갈 수 있도록 하나의 지도가 되어주는 그런 '나 사용설명서'가 있다면 얼마나 좋겠는가. 진로를 설계하고 취업 전략을 수립하는 일은 결국 이 '나 사용설명서'를 만들어가는 과정이다. 이 책을 다 읽고 덮을 즈음에는 당신만의 '나 사용설명서'도 윤곽을 드러낼 수 있기를 바란다.

커리어 포트폴리오,
'나 사용설명서' 작성 워크북

Step 1 나의 취업 행동 돌아보기

	항목	매우 그렇다	그렇다	보통	그렇지 않다	매우 그렇지 않다
1	취업을 목표로 준비하고 있는 직종이 있다.	5	4	3	2	1

2	나는 내가 관심을 갖고 있는 업체에 대한 여러 정보를 수집했고 잘 이해하고 있다.	5	4	3	2	1
3	취업 기술 향상을 위한 취업설명회, 취업박람회, 취업 프로그램, 취업 스터디 등에 참여하고 있다.	5	4	3	2	1
4	취업 관련 도서, 인터넷 등을 통해 관련 정보를 수집하고 있다.	5	4	3	2	1
5	희망 조직과 직종에 적합한 이력서를 작성할 수 있다.	5	4	3	2	1
6	희망 조직과 직무에 적합한 자기소개서를 작성할 수 있다.	5	4	3	2	1
7	희망 직종의 전문성을 갖추기 위한 준비를 충분히 했다.	5	4	3	2	1
8	지금 면접을 본다면 효과적으로 자기 PR할 자신이 있다.	5	4	3	2	1
9	입사 희망 업체의 구인 조건에 대해 안다.	5	4	3	2	1
10	구인정보 수집 사이트가 3개 이상 있다.	5	4	3	2	1

11	취업에 필요한 자격증을 갖고 있다.	5	4	3	2	1
12	나의 흥미와 적성에 대해 잘 알고 있다.	5	4	3	2	1
13	입사 희망 업체 관련 정보를 제공받을 수 있는 인적자원이 있다.	5	4	3	2	1
14	주변 선후배들에게 나의 구직 열망을 나타낼 수 있는 적극성이 있다.	5	4	3	2	1
15	면접 볼 기회가 주어진다면 합격할 자신이 있다.	5	4	3	2	1
16	원만한 대인관계를 유지하는 나만의 노하우가 있다.	5	4	3	2	1
17	나의 장점, 단점이 무엇인지 잘 알고 있다.	5	4	3	2	1
18	한글, 엑셀, 워드, 파워포인트 등 프로그램을 다룰 수 있다.	5	4	3	2	1
19	누구 앞에서라도 프레젠테이션을 할 수 있다	5	4	3	2	1

20	내가 설정한 취업 목표 달성을 위해 구체적으로 목표를 수립하고 해야 할 일 들에 대해 계획하고 있다.	5	4	3	2	1
	체크한 개수					
	소계					
	총점수					

출처: 한국고용정보원 발간 '내 일을 JOB자 취업 내비게이션' 자료

냉정하게 자신을 평가해보자. 총점 60점이 평균이다. 60점 미만의 점수가 나올 경우 반드시 학교 내 취업상담실, 일자리센터의 전문가에게 상담을 받도록 하자.

Step 2 자기 이해

내가 해본 직업심리검사 내용을 정리해보자.

직업심리검사명 1	예) 직업선호도검사 L형
유형	SE형(사회형, 진취형)
특징	사람들과 협력하고 목표를 정해 성취하는 것을 좋아함
특징과 관련 있는 일	사회복지사, 상품기획전문가, 교육훈련 사무원

직업심리검사명 2	
유형	
특징	
특징과 관련 있는 일	

직업심리검사명 3	
유형	
특징	
특징과 관련 있는 일	

Step 3 직무, 업종, 기업 선택하기

구분	선택 이유
직무 :	
업종 :	
기업 :	

Step 4 선택 직무 분석하기

구분	내용
주요 업무	
필요 역량 및 자질	
하루 일과	
직무의 키워드	
준비 방법	

희망 목표(직업)에 대한 정치, 경제, 기업 환경, 시장 및 산업, 경쟁사, 트렌드, 환경, 직업 전망, 가치관 변화 등 각각의 요소에 따른 분석.

기회 Opportunity

기회 활용 방안

위협 Threat

위협 극복 및 활용 방안

Step 6 나를 뽑아야 하는 논리(Logic) 설계

	직무 요구 역량	현재 보유 역량
지식		
기술		
태도		

직무 요구 역량

필요하지만 현재 없는 역량
향후 보완해야 하는 역량

나를 뽑아야 하는 이유

직무와 무관한 역량

현재 보유 역량

Step 7 경험 정리하기

제목	내용
S Situation	
T Task	
A Action Plan or Attitude	
R Result	
Contribution	

Step 8 최종 준비를 위한 2W1H

W WHy	지원 이유
W What	나의 강점
H How	기여 방법

Part 5 구직의 끝에서 행복을 외치다

: 사춘기보다 힘든 구직기를 지나는 청춘에게

진짜 나로
돌아가볼까

흐음

드디어
퇴근

시간 가는 줄 모르고 하는 일은 내 일
시간 정말 안 가네 소리가 절로 나오면 남 일
내일을 위해 '남 일' 말고 '내 일'을 찾자

바른 선택이 결국
가장 빠른 방법이다

어느 날엔가 강의를 하고 있는 한국잡월드에서 자원봉사를 하시는 친구의 어머니를 만났다. 학창 시절부터 나를 너무 잘 알고 계셨던 분이었는데 친구와 연락이 끊기면서 뵙지 못한 지 오래였던지라 반가움이 컸다. 어머니는 강단에 서는 내 모습을 보며 매우 흐뭇해하셨다.

오랜만에 어머니에게 친구 소식을 물었다. 여행을 갔다고 했다. 나는 매일 강의가 있다 보니 여행은 엄두도 못 내는 처지라 여행 간 친구가 부럽다고 푸념 아닌 푸념을 하는데 어머니는 그게 아니라고 손사래를 치며 말씀하셨다.

친구는 어렵게 들어갔던 대기업에 적응하지 못하고 여기저기 떠돌다가 그마저도 그만두었고, 결국은 늦게나마 꿈을 찾겠다고 1년 넘게 소식 없이 여행 중이라고 했다. 학창 시절에는 이래저래 방황하는 내가 가장 안타깝고 가엾고 뒤처졌다고 생각하셨는데, 지금 와서 보니 내가 제 길 찾아간 유일한 놈이라며 사연 가득한 한숨을 쉬셨다.

남처럼 살지 못해 두려웠던 시절이 있었다. 지금도 남의 시선에서 완전히 벗어났다고는 말하지 못하겠지만, 그래도 내 방향을 찾아 내 속도에 맞게 길을 걷는다는 확신은 있다.

시간 가는 줄 모르고 하는 일은 '내 일'이다. 반대로, 시간 정말 안 가네 소리가 절로 나오면 '남 일'이다. 내일을 위해 '남 일' 말고 '내 일'을 찾아야 한다. 앞서도 강조했지만, 바른 취업은 일에 나를 맞추는 것이 아니라 내게 맞는 일을 찾아가는 과정이다. 아무리 좋은 직업도 내게 맞지 않으면 의미가 없다.

나는 조금 늦게 시작했지만 바르게 가고 있다. 그리고 인생이라는 긴 여정으로 보면, 바르게 가는 것이 결국은 빠르게 가는 것이라는 사실을 몸소 증명해 보이고 있다. 나를 통해서, 그리고 내가 만나고 있는 많은 아이들, 학생들, 청년들을 통해서 말이다.

길은 어디에나 있다

오늘도 열띤 강의 하나를 끝마쳤다. 한 공업고등학교 학생들을 대상으로 한 특강이었다. 기대 없이 떠들썩하게 모여 앉아 있던 학생들이 집중하기 시작하더니 강의가 끝나고 나니 모두 앞자리로 모여들었다.

학교 선생님은 학생들의 이런 모습이 처음이라며 신기해하지만, 그게 아니다. 나는 없는 것을 만들어주는 사람이 아니라 원래 아이들이 가진 것을 찾아주는 사람이다. 세상에 좋은 책은 많다. 그러나 문제는 그 책을 손에 들게 하는 과정이다. 그게 내가 하는 일이다. 쑥스러워 인사도 제대로 못 하던 녀석들이 와서 감사하다고 툭 던지는 말에 나는 웃음이 절로 난다.

그리고 이어지는 대학생 강의. 그들도 마찬가지다. 인터넷강의와 학원 수업에만 익숙했던 청춘들이 다른 생각을 하고 다른 고민을 하기 시작한다. 매시간 계속되는 토론 수업, 답을 확인하고 외우는 시간이 아니라 자신만의 답을 찾기 위해 애를 쓴다. 마지막 시간까지 자리를 지키고는, 감사하다고 칠판까지 지우고 돌아가는 뒷모습을 보며 나는 또 흐뭇한 웃음을 짓는다.

또 다른 특강, 학교 밖 청소년들을 만나는 특별한 시간. 어떤 사정을 가진 아이들이든 다 똑같다. 모두 다 자기 길을 찾아야 하는 아이들이다. 나는 그들이 틀린 길이 아닌 다른 길을 선택할 수 있음을 보여주고 증명하고 싶어 고민을 거듭한다. 누군가와 학교 밖 청소년 이야기를 주고받는데, 느닷없이 그가 아이들을 비행청소년이라고 규정짓는다. 나는 심장이 덜컥 내려앉는다. 아이들을 가장 힘들게 하는 것은 어른들의 선입관과 편견이다. 학교 밖에도 길이 있고, 학교 밖에도 꿈은 있다. 길은 어디에나 있고, 꿈은 누구에게나 있다.

왜 그 일을
하고 싶은가?

취업 준비 점검을 위해 다음과 같은 세 가지 질문을 해보자.

"첫째, 왜 그 일을 하고 싶은가? 둘째, 무엇을 잘할 수 있는가? 셋째, 어떻게 기여할 것인가?"

이 모든 답을 입사지원서와 면접에 제대로 담아낼 수 있다면, 합격의 길이 멀지 않은 것이다. 질문이 너무 어렵게 느껴지는가? 적어도 첫 번째 질문은 바로 답할 수 있어야 한다. 첫 번째 질문에 끝까지 답할 수 없다면, 다른 일을 찾아나서야 할 것이다.

자기소개서부터 면접까지의 모든 과정은 나와 직무의 교집합을 최대한 설득하는 과정이다. 이제 채용은 누가 더 잘났는가의 싸움이 아니다. 누가 가장 직무에 적합한가를 겨루는 곳으로 변했다. 이 때문에 일에 대한 확신이 당락을 결정하기도 한다.

상담실을 찾는 사람들의 유형은 대부분 비슷하다. 고등학생은 A와 B 대학 중에서 어떤 대학에 가면 좋을지 물으러 왔다가 무엇을 전공하면 좋을지 바꿔 묻는다. 대학생은 목표 기업의 공략 방법을 물으러 왔다가 무슨 일을 하면 좋을지 바꿔 묻는다. 직장인은 이직 방법을 물으러 왔다가 지금에라도 내게 맞는 일을 찾을 수 있을지 바꿔 묻는다. 남녀노소 할 것 없이 상담 끝엔 같은 질문을 한다.

'뭘 하며 먹고살아야 할까요?'

청소년은 자신이 선택한 전공에, 대학생은 자신이 선택한 기업과 직무에, 직장인은 자신이 하고 있는 일에 확신이 없는 것이다.

확신이 없는 삶은 껍데기다. 10대에는 대학 입학을 꿈꾸고, 대학 입학 후에는 취업을 꿈꾸고, 취업 이후에는 퇴사만을 꿈꾸는 껍데기로 살아간다. 남들이 하는 대로, 남들이 가는 곳이 아니라, 내게 맞는 '일'을 찾아 내 삶의 주인공이 되어야 한다. 주변 사람은 야유를 보내더라도 나만큼은 확신을 가질 수 있는 그런 일을 말이다.

당신이 준비하는 내일은 껍데기의 삶인가, 온전한 나의 삶인가? 스스로에게 물어보자.

'지금 그 일, 왜 하고 싶은가? 혹은 왜 하고 있는가?'

왜 돈을 버는가?

열심히 필기를 하며 자신의 모든 시간과 열정을 쏟아붓는 수강생들로 가득한 강의실에서 나는 돌연 강의를 멈추고 물었다.

"여러분은 왜 취업을 하고 싶나요?"

이 질문에 열에 아홉은 같은 대답을 한다.

"돈 벌려고요."

"왜 돈을 벌고 싶죠?"

"돈이 있어야 먹고 싶은 것도 사 먹고, 여행도 하고, 결혼도 하고, 하고 싶은 걸 하잖아요."

"왜 하고 싶은 것을 하고 싶죠?"

당황한 기색으로 가득한 강의실의 적막을 뚫고 누군가의 목소리가 들린다.

"하고 싶은 것을 할 수 있을 때 행복하니까요."

목소리의 주인공에게 마이크를 쥐여주고 다시 물었다.

"결국 행복이 목표군요."

"네!"

"그럼 학생이 선택한 그 일은 어떤가요? 생각만으로 행복한가요?"

"……."

수강생의 표정이 난감하다는 듯 굳어진다. 다시 강의실에 적막이 찾아온다. 합격 노하우를 하나라도 놓칠까 이글거리던 수강생들의 눈과 펜을 잡고 있던 손의 힘이 풀린다. 하고 싶은 것을 하기 위해 하고 싶지 않은 일을 목표로 달리는 아이러니다.

재미없는 전공 수업과 다를 바 없는 직장 생활을 이어가며 월급을 받으면, 우린 행복해질 수 있을까? 하루 24시간에서 자는 시간을 제외하고 남는 16시간, 16시간 중 평균 1시간을 회사로 통근하는 데 사용하고 점심 시간을 포함해 하루 9시간을 회사에서 보낸다. 이마저도 '칼퇴'가 가능할 때 이야기다. 잠이 들기 전까지 남은 시간은 6시간. 씻고 저녁을 먹으면 다시 2시간이 지난다. 다시 내게 남은 시간은 4시간이다. 내가 선택한 그 일이 전공처럼 맞지 않는 옷이라면, 우리에게 주어질 행복의 시간은 겨우 하루 4시간뿐이다.

　도서관으로 달려가 자리를 맡고 토익을 공부하는 여정의 끝자락엔 무 엇이 있는 걸까? 합격? 다음엔? 하루 4시간의 행복? 혹은 결혼? 내 집 마 련? 자녀 계획? 노후 준비? 나는 고된 취업 준비를 이겨낸 당신이 적어도 하루 4시간보다는 더 길게 행복해지기를 바란다.

행복한 직업인이 된다는 것

　취업 교육 전에 진로 교육을 선행한 지 어느덧 10년이 흘렀다. 여전히 성인의 진로 교육은 쉽지 않은 영역이다. 성인의 진로는 꿈과 생계를 모 두 고려해야 한다. 대한민국인재상 수상자를 배출한 직후, 나는 대학 수 시 전형에서 유리하게 쓰일 수 있다며 많은 사교육 시장에서 러브콜을 받 았다. 그런데 취업 실적을 채우기도 모자란 시간에 진로부터 다시 세우자 고 이야기를 하니 욕도 많이 먹었다.

　국내 주요 기업에 취업시켰던 학생이 합격의 기쁨을 다 누리기도 전에 퇴사한다는 소식을 들었던 그때, 나는 스스로에게 다시 물었다.

"나는 왜 이 일을 하는가?"

처음 커리어 컨설턴트를 만나 무스펙에 흙수저인 나도 꿈을 꿀 수 있다는 희망이 생겼던 순간을 나는 아직도 생생히 기억한다. 그러나 가장 중요한 것은 다음 단계다. '꿈을 꾸라'고 조언하는 사람들은 많지만, 어떻게 그 꿈을 이룰 수 있는지는 설명해주지 않는다. 나는 막연한 희망 대신, 희망을 현실로 만드는 구체적인 대안을 가르치고 싶었고, 무엇보다 그 일에 열과 성을 쏟았다. 그리고 그 일이 내 평생의 업이 된 후에야 비로소 나는 직장인이 아니라 행복한 직업인이 됐다.

남들보다 출발이 늦은 상황에서 한 번에 앞서나가는 것은 불가능하다. 그러나 내게 맞는 적성을 찾아내면, 적성이 내 인생의 필살기가 된다. 출발은 조금 늦더라도 내가 가진 스펙과 이력에서 최선의 선택을 하고 경력을 쌓아 한 계단, 한 계단 오르다 보면 달리는 속도가 빨라질 것이다. 내 주변의 많은 사람들은 여전히 직장의 누군가로 살아간다. 좋은 직장은 직업인으로 가는 길목에 필요한 계단일 뿐이다. 내가 만나는 사람들만큼은 직장이 아니라, 내 이름으로 살아남는 직업인으로 살아가길 바란다.

구직기를 지나는
이들을 위한 8가지 지침

취업 관련 설문조사 결과들을 볼 때마다 늘 마음에 쓰이는 것이 있다. 취업준비생들이 겪는 고충에 관한 부분이다. 내가 해결해줄 수 있는 문제는 아니지만, 자신감과 자존감을 잃어가는 그들에게 위로와 조언은 꼭 해주고 싶은 마음이다.

취업포털 잡코리아와 알바몬이 취업준비생 1021명을 대상으로 '취업 준비 애로사항'을 주제로 설문조사를 실시했는데, 취업 준비 과정에서 겪는 가장 큰 고충이 '압박감과 우울감으로 인한 스트레스(54.6%)'라고 답했다. '정보 부족(9.8%)', '시간 부족(3.7%)'은 말할 것도 없고, '취업 준비 비용의 부담(14.9%)'과 '생활고(11.3%)'와 같은 경제적 어려움을 겪는 이들도 전체의 4분의 1에 달했다. 경제적 부담 때문에 취미생활과 연애와 외모 관리는 포기하고, 친구들과 어울리는 것도 피하면서, 아르바이트를 병행하느라 제대로 된 식사도 챙겨먹지 못하는 상황이 이어진다. 그러니 '건강 문제(2.5%)'와 '대인관계의 어려움(2.5%)'까지 호소하는 응답이 나온다.

이런 어려움을 겪다 보니 심리적 변화도 커진다. 취업포털 커리어가 408명의 구직자를 대상으로 '구직 활동 후의 성격 변화'에 대해 조사한 결과, 10명 중 3명은 자신이 부정적 성격으로 변했다고 답했다. 반복되는 취업 실패, 취업난이 심각한 사회에 대한 불신, 가족과 친구 등 주변이 주는 눈치 등을 견디다 '자신감을 잃었고(38.3%)', '항상 조바심이 나게 됐고(28.3%)', '자주 우울해지고 성격이 어두워졌으며(14.9%)', '사소한 일에도 짜증이 늘었다(10.1%)'고 한다.

취업을 준비할 때는 그 상황 안에 갇혀 있기 때문에 보이지 않는 것들도 있고, 더 크게 느껴지는 문제들도 있다. 수영을 배울 때 물장구를 치는 것보다 더 중요한 것이 몸에서 힘을 빼는 일이다. 앞으로 나아가려고 발버둥 치면 계속 가라앉는다. 인생도 그렇고 취업도 마찬가지다. 힘을 조금 빼는 법부터 배워보자.

중심은 남이 아니라 내가 잡는 것

'사춘기'보다 힘들다는 '구직기'를 지나고 있는 이들의 자존감을 위해 몇 가지 지침을 정리해봤다.

첫째, 다른 사람과 비교하는 일을 멈춰라. 세상의 중심은 자기 안에 있다. 다른 사람은 이것도 하고 있고, 저것도 하고 있다고 끊임없이 들여다 보면서 그러지 못하는 나와 비교하며 주눅 들 필요가 없다. 미국의 철학자이자 시인, 랠프 월도 에머슨Ralph Waldo Emerson은 "나에 대한 자신감을 잃으면 온 세상이 나의 적이 된다"라는 명언을 남겼다. 남과 비교하는 데 시간을 낭비하지 말고, 내 삶을 세우는 데 시간을 들여라. 나를 믿고 가는 것이 가장 가치 있는 일이다.

둘째, 다른 사람의 기대에 나를 맞추지 말라. 이 책에서 여러 번 강조했던 말과 일맥상통한다. 나를 다른 사람에게 맞추고, 나를 회사에 맞추고, 나를 세상에 맞추려는 것만큼 쓸모없는 노력도 없다. 차라리 나에게 맞춰진 나의 세계를 찾으려고 노력하라. 그러면 다른 누구의 인정도, 존중도 무의미해질 것이다. 오로지 나의 신념과 확신만이 유의미할 뿐이다.

셋째, 케케묵은 고정관념에서 벗어나도 된다. '그렇게 해서 되겠어?', '해도 안 될 텐데', '전에도 실패했는데 이번이라고 될까?', '저 사람도 못했는데 너는 할 수 있겠어?' 그 모든 '안 된다'는 말에 작별을 고하라. 할 수 없다고 정해져 있는 건 아무것도 없다. 프랭클린 루스벨트의 아내이자 여성 사회운동가였던 엘리너 루스벨트Eleanor Roosevelt는 "당신이 동의하지 않는 한 이 세상 누구도 당신이 열등하다고 느끼게 할 수 없다"라고 말했다. 무엇도 개의치 말고 그냥 나아가라.

넷째, 그 누구보다 나와의 관계를 중요시하라. 중국의 유명한 청년 작가 리샹룽李尚龍이 이런 말을 했다. "남을 지적하는 일은 쉽다. 오히려 가장 어려운 일은 자기 스스로를 구제하는 일이다." 다른 사람에게 연연하느라 정작 자기 자신을 잃어버리지는 말자. 누군가와의 관계를 고민하는 것보다 나 자신과 친해지기 위해 애써라. 나를 더 살피고, 나를 더 돌아보라.

지금 할 수 있는 것부터 시작하자

다섯째, 못하는 것보다 잘하는 것에 집중하라. 무엇을 시작도 하기 전에 못 해낼까 두려워하지 말자. 미국의 철학자 앨버트 허버드Elbert Hubbard 가 "당신이 저지를 수 있는 가장 큰 실수는 실수를 할까 두려워하는 것이 다"라고 했다. 두려움이 결과를 그르친다. 못하는 것 대신에 잘하는 것을 생각하라. 부정적인 면의 반대편에는 항상 긍정적인 면도 존재하고 있다. 판을 뒤집어라. 긍정적인 면이 앞으로 오게 하라.

여섯째, 작지만 소중한 성공을 반복해보라. 작은 경험이 큰 경험을 견 인하게 되어 있다. 아주 사소한 것일지라도 해내는 경험을 만들어라. 아 침 운동, 저녁 일기, 규칙적인 식사, 긍정적인 자기 암시, 어떤 것이라도 좋다. 일상에서 지킬 수 있는 작은 계획을 세우고 성공의 경험을 반복해 보라. 스스로에 대한 믿음과 자신감은 그런 작은 데서부터 시작된다.

일곱째, 취업의 규칙을 이해하라. 솔직히 나 혼자 힘든 게 아니라 모두 가 힘들다. 경쟁률이 100 대 1을 넘어서는 상황이니 안 되는 게 정상이고 되는 것이 신기한 것이다. 구직자의 시선에서 벗어나 프로의 마인드로 취 업을 바라보자. 아무도 당신의 행복을 바라지 않지만, 아무도 당신의 불 행을 바라지도 않는다. 취업이란 시장에서 기업은 그저 소비자일 뿐이고, 판매자는 당신이다. 고용주와 면접관의 관심을 기대할 게 아니라 당신이 그들을 설득해야 한다. 관점을 바꾸자.

마지막으로 여덟째, 전문가를 찾아나서라. 잘 모르겠으면 누군가에게 물어봐야 한다. 가만히 있으면 달라지는 것은 아무것도 없다. 아프면 병원에 가듯이, 취업 때문에 힘들다면 취업 전문가를 찾아야 한다. 상담을 통해 객관적으로 나를 바라보고, 지금 상황에서 벗어나기 위한 솔루션을 함께 찾아보라. 누군가와 이야기를 나누는 것만으로도 풀리지 않던 실마리가 보일 수도 있을 것이다.

Special Story 지금 도전해도 정말 늦지 않을까?

: 자신의 길을 찾은 6가지 성공 사례

느린 것을 두려워하지 말고
멈추는 것을 두려워하라

남들과 비교하지 말고,
나에게 초점을 맞춰라

지방전문대 대학생,

대한민국인재상 대통령상을 수상하다

국내 최초 여성트레이닝 전문가로 성장한 김가희 씨 이야기

"어렸을 적 나는 그저 평범하기만을 바랐다. 가난으로 힘들었던 기억, 그리고 큰 절망이었던 부모님의 이혼. 내 꿈은 그저 남들처럼 사는 것이었다. 성공하고 싶었다. 하지만 나는 고민만 할 뿐 방법을 몰랐다."

이 학생은 처음 4년제 지방사립대인 경원대학교(2012년 가천의과대학교와 통폐합되어 지금은 가천대학교 글로벌캠퍼스가 되었다)에 입학을 했다. 장학금도 탔다. 그러나 학교를 다니는 게 행복하지가 않았다. 왜 학교에 다녀야 하는지, 자신이 하고 싶은 것이 무엇인지 방황하다가 결국 자퇴를 했다. 그리고 1년 후에 한림성심대학교 물리치료과에 입학을 했다. 남들보다 늦게, 4년제에서 전문대로 와서 다시 공부를 시작한 것이다.

"나는 이번 학교에서만큼은 포기하지 않겠다는 마음으로 입학과 동시에 열심히 공부에 몰두했다. 우리 학교에선 공부 잘하는 학생이었지만,

사실 진짜 잘하는 학생들은 이미 서울에 널리고 널렸다고 생각했다. 그들보다 내가 나은 점이 없는 것 같았다. 하루는 학과에서 취업 강의가 있으니 다 남으라는 공지를 받았다. 그리고 그날 들었던 선생님의 강의는 내게 큰 충격이었다. 남들처럼 살고 싶다는 내 생각은 그날 이후로 완전히 바뀌었다. 남들과 비교하는 것이 아니라 나에게 초점을 맞춰야 한다는 것을, 나 자신을 찾아야 남도 이길 수 있다는 사실을 깨닫게 된 것이다."

바로 다음 날, 그녀는 당시 취업지원관이었던 나를 찾아왔다. 그리고 그날부터 매월 상담이 진행됐다. 적성을 찾기 위한 검사와 상담을 통해 그녀는 자신의 꿈을 찾기 시작했다. 함께 목표를 세우고 계획을 설계했다. 그녀는 언제나 적극적인 자세로 상담을 받으며 나를 잘 따라와 주었다.

"남보다 잘해야 한다는 경쟁의식에서 벗어나서 나의 적은 나뿐이라는 생각을 하게 되었다. 생활 습관에서 계획 관리까지 선생님은 성심으로 코치해주셨고, 대외활동을 해나가는 데에도 큰 도움을 주셨다. 슬럼프가 올 때마다 진심 어린 조언으로 나를 '초과 회복'시켜주시기도 했다. 나는 그때 정말 나 스스로 나아지고 있다는 생각을 했다. 그리고 더 많은 꿈을 꿨다. 그렇게 대한민국인재상에도 도전하게 되었다."

대한민국인재상은 매년 대한민국을 빛낼 인재 100명에게 주는 대통령상이다. 나는 그녀라면 충분히 해낼 수 있을 것이라 믿었고, 제출해야 하는 서류와 자료들을 함께 준비해나갔다.

"전문대 학생이 인재상을 받은 적은 없었다. 그래서 무모한 도전이었을 수도 있는데, 선생님과 함께 준비하고 도전하는 과정에서 많은 것을 얻었다. 100장이 넘는 준비 서류가 쌓이는 걸 보면서 내가 살아왔던 스토리와 증거들이 한 권의 책으로 정리된 것 같았다."

그리고 서류 전형 합격. 기쁜 소식을 듣고 그녀도 나도 더욱 신이 나서 면접 전형을 준비했다. 예상 질문들에 대해 그녀가 생각을 정리하면 첨삭을 해주기도 했고, 면접 연습도 해봤다. 마지막까지 후회 없이 최선을 다하는 경험을 만드는 것이 중요하다고 생각했다.

"면접 당일, 나는 면접관들에게 치열했던 내 삶이 담긴 5개의 다이어리를 보여주었고, 연습했던 대로 자신 있게 내 생각을 피력했다. 그리고 3개월 뒤, 나는 대한민국인재상 대통령상 최종 수상자 명단에 당당히 내 이름을 올렸다. 이때의 경험은 무엇과도 바꿀 수 없는 내 인생의 자산이 되었다. 그 이후로도 나는 진로에 대한 고민이 생길 때마다 선생님께 조언을 구했다. 보통 물리치료과 전공 학생들 대부분은 병원에 취업하는 길을 택하는데, 나는 병원이 아니라 피트니스에 취업하길 원했다. 물리치료는 여러 분야로 나뉘는데 나는 운동치료 부분을 좋아했기 때문이다. 선생님은 남들과 다른 선택을 한 나를 응원해주셨고 지지해주셨다."

그녀는 계획대로 피트니스에 취업했고, 지금도 특별한 스토리를 만들어가며 살고 있다. 미국 공인 여성 피트니스 전문가이자 국내 최초 여성 트레이닝 전문가로 활동하고 있으며, 여성전문 피트니스 창업을 준비하고 있다.

스펙을 이기는
결정적 무기를 갈고닦다

불량 공고생에서 우수장학생으로,

그리고 삼성에 합격하기까지

화려한 스펙의 경쟁자들을 제치고 삼성에 입사한 권혁민 씨 이야기

"솔직히 말하면 고교 시절의 나는 비뚤어진 학생이었다. 춘천기계공고
를 다녔다. 공부는 전혀 안 했다. 학업보다 싸움하는 일이 더 잦았고, 책
상보다 오토바이가 더 편했다."

졸업이 다가왔지만 그는 대학에 진학해야 한다는 생각이 없었다. 그러
다 영장이 나왔고 군대를 갔다. 제대를 한 뒤에는 마트의 생선코너에서
아르바이트를 했다.

"어느 날 우연히 고등학교 때 선생님을 만났는데 그때 정신이 번쩍 들
었다. '사고만 치던 문제아였으니 사는 모습이야 뻔하지, 달라질 수 있겠
나' 하는 시선. 세상이 온통 나를 그렇게 보고 있는 것 같았다."

그날 집으로 돌아와 학창 시절의 생활기록표를 꺼내 봤다. 온통 '가'뿐
인 성적과 구멍 난 출석일수들. 뒤늦게 후회가 밀려왔다. 그는 그제서야

대학 진학을 준비했고, 한림성심대학교 행정학과에 진학했다. 성적표 속 '가'는 '가능성'의 준말이었다고 스스로 마음을 다졌다. 목적의식을 갖고 나니 공부에도 의욕이 붙었다. 성적우수 장학금을 받았고, 자신감도 얻었다. 그런데 갑자기 아버지가 교통사고로 돌아가셨고, 사정상 계속 공부만 할 수 없어 바로 취업 준비에 들어갔다.

그렇게 그는 나를 찾아오게 됐다. 3개월 동안 일대일 상담을 했고, 함께 취업 전략을 세웠다. 목표로 정한 기업은 삼성메디슨이었다. 전 세계에 의료기기를 수출하는 글로벌 기업이었다. 당연히 지원자들은 저마다 쟁쟁한 스펙을 자랑할 터였다. 하지만 그는 기죽지 않았다. 방황했던 시절을 이겨내고 문제아에서 우등생으로 변화한 경험이 그에게는 큰 무기였다.

서류 전형을 무사히 통과했고, 최종 면접을 준비했다. 그리고 그에게는 결정적 무기가 한 가지 더 있었다. 삼성메디슨을 목표로 정한 후부터 그는 그 기업에 대한 기사를 계속 스크랩했다. 불황과 호황 때의 기업 소식, 경쟁사 전략, 시장점유율 등을 모두 정리했다. 관련 파일만 30개 넘게 쌓였다.

"최종 면접에서 삼성메디슨의 향후 성장 전략을 제시한 사람은 나밖에 없었다. 면접관들의 시선이 집중됐을 때 합격을 직감할 수 있었다."

그는 결국 화려한 스펙의 경쟁자들을 제치고 삼성메디슨 글로벌운영팀의 신입사원이 되었고, 바람직한 취업 성공 사례로 언론의 스포트라이트도 받았다. 그는 취업을 준비하는 후배들에게 이렇게 말한다. "머리로만 계획을 세우지 말고 50％라도 실행에 옮겨라. 겁먹고 포기하면 아무것도 달라지지 않는다. 남들 따라가다 보면 나만의 무기는 사라진다. 마음의 소리를 들어라. 그곳에 길이 있다."

할 수 없다고
정해져 있는 일은 없다

태권도를 전공한 소녀,

금융사무직 정직원이 되다

한계를 극복하고 인생의 방향을 바꾼 김선영 씨 이야기

"어릴 때부터 태권도를 배웠고, 당연히 평생 태권도를 하면서 살아갈 거라고 생각했다. 졸업하고 나면 태권도 지도자로 일하게 되겠지 싶었다. 그런데 졸업을 앞두던 21살에 불현듯 생각이 많아지기 시작했다. '나는 과연 태권도 지도자로 평생 살아갈 수 있을까?' 솔직히 그럴 자신이 없었다."

그녀는 나를 찾아와 고민을 토로했다. 부모님의 권유로 시작한 운동이었고, 그게 전부라고 생각하며 살아왔는데 사실은 다른 길을 찾아보고 싶다고 했다. 그런데 지금까지 운동만 해왔기 때문에 막막하다고 했다. 공부와는 자연스럽게 멀어져 성적도 좋지 못했고, 이렇다 할 자격증도 없었고, 특별히 잘하거나 좋아하는 것도 찾지 못해서 자괴감에 빠져 있었다.

상담을 통해 분석을 시작했다. 운동에도 소질이 있었고 사람 만나는 일도 좋아했다. 무엇보다 학과 내 평판이 좋았다. 꼼꼼한 성격도 확인할 수 있었다. 적성과 흥미 두 가지 모두를 반영하는 것이 쉽지 않았으나 고민 끝에 전문대 졸업자 대상의 금융업체 공채를 지원했다. 그러나 보기 좋게 낙방했다. 태권도 전공자의 한계를 벗어나는 일이 쉽지만은 않았다.

잘하는 것을 강조해야 했다. 금융업체에서 요구하는 능력이 사무능력과 관리능력만은 아니다. 그녀는 사람을 만나는 일을 어려워하지 않고 예의 바른 태도가 몸에 배어 있었다. 나는 영업력을 기르면 도움이 될 수 있겠다고 판단했고, 그녀에게 금융업체 지점에서 상품을 안내하는 아르바이트를 해보면 좋겠다고 권유했다.

"선생님의 조언과 소개를 받아 나는 LIG손해보험 춘천지역단 사무보조직 아르바이트 업무에 지원했다. 처음에는 솔직히 고민이 많이 되기도 했다. 과연 내가 할 수 있을까, 면접에 정말 가야 할까, 떨리고 두려운 마음도 있었지만 선생님이 알려주신 면접 시 주의해야 할 점들을 곱씹으며 무사히 면접을 마쳤다. 그리고 다음 날 바로 합격 전화를 받았고, 7개월간의 사무보조직 일을 하며 현장에서 많은 경험을 할 수 있었다."

사무보조직 아르바이트를 하는 동안 열심히 일한 덕분에 그녀에게 또 다른 기회가 찾아왔다. 그녀가 일하는 모습을 만족스럽게 평가했던 지점장의 추천을 받아 공채에 합격했고 정규직 사원이 된 것이다. 자신의 강점인 대인관계 능력과 영업 능력으로 꿈을 이룬 것이다. 해당 업체 최초의 태권도과 전공자였다. 그녀는 고용노동부 우수 사례로도 선정되었다.

"할 수 없다고 생각했는데, 그렇게 정해져 있는 건 없다는 것을 깨달았다. 나는 이제 앞이 보이지 않아도 우선 도전하며 살아가는 사람이 되는 것이 꿈이 되었다."

그녀는 첫 직장에서 3년 반의 경력을 쌓고 다음 직업의 계단으로 올라섰다. 현재는 GS리테일 H&B사업부에서 일하고 있다.

"탈락할까 두려워 도전조차 하지 않는 사람들에게 이야기해주고 싶다. 우선 해보고, 안 되면 그것을 발판 삼아 더 큰 도전을 해보라고. 선생님이 나에게 가르쳐주신 것처럼 말이다."

'나는 안 된다'는 틀을
깨고 나니 보이는 것들

사회성 부족하던 소심한 학생이

만들어낸 기적 같은 변화

두려움을 자신감으로 바꾼 김현식 씨 이야기

나는 예전부터 진로 강의를 할 때 항상 '무엇이든 더 알고 싶거나 도움을 받고 싶다면 언제든 나를 찾아오라'는 말을 꼭 한다. 이 학생 역시 그런 말을 흘려듣지 않고 당시 내가 있던 취업지원센터의 문을 두드렸다.

"선생님의 강의를 듣는데, 그냥 이대로 흘러가는 만남이 아니라 꼭 찾아가 상담을 받아야겠다는 생각이 들었다. 고등학생 때 나는 모든 면에서 부족함을 대표하는 사람 같았다. 비만에 소심함에, 심지어 알파벳도 제대로 모르는 수준의 지식까지. 그 때문에 대인관계에 어려움이 많았고 자존감이 바닥으로 떨어져 자퇴를 생각하기도 했다. 어찌어찌해서 한림성심대학교 사회복지과에 진학했지만 대학생이 되어서도 상황은 비슷했다."

당시 그는 늘 '나는 안 된다'라는 생각에 빠져 있었다. 나는 그 틀을 깨주고 싶었다. 여러 차례 상담을 하면서 그 안에 아직 펼쳐보지 못한 많은 것들이 있다고 느꼈고, 실제로 그는 조금씩 변해갔다.

"20년 가까이 갖고 있던 두려움의 틀을 깨고 나니 보이는 것들이 있었다. 그 경험이 내게 가장 큰 변화를 가져오는 계기가 되었다. 모든 것이 달라졌다. 성적도, 성격도. 과대표를 맡게 됐고, 장학금과 총장상도 받았고, 레크리에이션 행사에서 사회를 보기도 했다."

자신감이라는 무기를 발견한 그는 컨설팅을 받으며 졸업 이후에 한림대학교로 편입을 준비했다. 이미 큰 변화를 만들어낸 그였기에 편입도 훌륭히 해냈다. 중학생 때 뒤에서 전교 2~3등을 했고, 고등학교 2학년이 되어서야 알파벳을 배웠다는 그가 한림대학교를 졸업할 때는 우수한 성적의 학생에게만 부여되는 '졸업 우등증서'까지 받았다.

"토익 점수도 자격증도 없었지만 나는 취업이 두렵지 않았다. 해낼 자신이 있었기 때문이다. 그리고 원하던 대로 졸업 전에 종합사회복지관에 사회복지사로 취업하는 데 성공했다. 내가 자신감을 갖고 확신할 수 있었던 데에는 선생님의 도움이 정말 컸다. 수차례의 상담과 6번 이상의 자기소개서 컨설팅 그리고 면접 연습 지도까지, 그렇게 수정과 보완을 반복하며 완성도 높은 준비를 했기에 부족하지 않은 답변을 할 수 있겠다는 자신이 있었다. 어떤 문제가 나올지 알고 있으면 그것이 겁나지 않는 것처럼 말이다."

그는 취업을 한 후에도 자신의 전문성을 유지하기 위해 전문서적을 찾아보고 교육에 참여하는 일에 열심이었다. 자신의 꿈에 대해서도 계속 점검했다.

"만약 예전의 나에게서 멈춰 있었다면, 나는 반쪽짜리 성공만 경험했거나 완전한 실패를 경험했을 것이다. 그러나 지금의 나는 스스로에게 계속해서 질문을 던지고 있다. 사회복지사가 좋다는 데에 머무르는 것이 아니라 어떤 사회복지사가 될 것인가, 어떻게 살 것인가, 그렇게 더 크고 깊은 꿈을 계속해서 그려나가고 있다."

나는 내가
하고 싶은 것을 한다

전역을 앞두던 군인,

0에서 시작해 보험왕이 되다

자신의 관점으로 자신의 세상을 만들어가는 조성현 씨 이야기

"나는 그냥 평범한 학생이었다. 꿈도 목표도 없이 그저 사람들이 가는 방향을 따라가는. 공부를 잘하는 게 아니어서 첫 대학 입시에 실패하고, 결국 재수와 삼수 끝에 대학에 입학했다. 그런데 그렇게 들어간 대학교의 삶은 사실 고등학생 때와 다를 게 없었다. 남들 다 하는 토익 준비를 왜 해야 하는지도 모른 채 하고 있는, 핸들이 고장 나 길을 잃은 자동차 같았다. 엔진은 가열되고 있는데 어디로 가야 할지도 모르겠고, 어디로든 가고 싶은데 방향조차 잡을 수 없어 답답해 미칠 것 같은 때였다. 결국 답을 찾지 못하고 군대에 갔다."

그를 처음 만난 곳은 군대에서였다. '전역 후 취업 진로 및 방향'이라는 주제로 진행한 특강에서였다. 자유롭게 참석하는 자리에 방황하던 그도 들어와 내 강의를 들었다. 그리고 강의가 끝나고 나에게 와서는 명함

261

을 받아 들고 갔다. 그리고 전역을 한 후에 그가 실제로 연락을 해왔다.

"나는 부끄러운 줄도 모르고 선생님께 도와달라고 매달렸다. 그렇게 선생님께 상담을 받으면서 길을 찾고자 했다. 그때가 내 인생의 터닝 포인트였다. 누구나 각자에게 잘 맞는 일이 있고, 좋아하는 일이 있고 잘하는 일이 있는데, 그 교집합에 속한 직업을 찾는 게 가장 중요하고 또 행복한 삶을 살 수 있다는 것을 배웠다. 그리고 내 적성과 인성에 맞는 일을 찾았다. 영업이었다."

처음에는 자신이 영업에 적합한 사람인지도 몰랐고, 영업을 해야겠다는 생각도 못 했지만 그는 열린 마음으로, 그리고 적극적으로 자신에게 맞는 일을 찾기 위해 노력했다. 영업직의 종류와 업종 등을 알아본 끝에 그는 보험영업을 선택했다.

"면접을 보는데 내가 생각해도 참 뻔뻔할 정도로 자신감에 차서 이야기했던 것 같다. '저는 사실 보험에 대해선 제대로 모르는 사람입니다. 그러나 그렇기 때문에 자신 있게 말씀드릴 수 있습니다. 회사가 바라는 청사진을 제게 그려주십시오. 나에게는 어떤 잡티도, 그림도, 글도 없기 때문에 이곳이 원하는 청사진에 가장 가까운 모습으로 거듭날 자신이 있습니다.' 결국 합격을 했다."

그는 일을 시작한 지 3개월 만에 신인왕을, 그리고 6개월 만에 보험왕이 되었다. 1년 후에는 전국 1등까지 했다. 2년을 열심히 일한 후 그는 그만의 직업의 계단을 만들어가고 있는데, 현재는 재무 관련 일을 하고 있다.

"나의 좌우명은 '나는 내가 하고 싶은 것을 한다'이다. 내 삶이기 때문에 다른 누군가가 아니라 내가 하고 싶은 것을 하는 것은 당연하다. 내가 어떤 생각을 하든 세상은 변하지 않을지 모르지만, 나의 세상은 완전히 변한다. 그래서 힘이 난다. 내 의지와 생각과 관점만 다룰 줄 안다면, 세상은 나에게 큰 기회와 행복을 줄 것이라고 믿는다. 취업 때문에 조급해하는 후배들에게, 그리고 다시 무언가를 새로 시작하기에 늦었다고 생각하는 사람들에게 해주고 싶은 말이 있다. 꽃들마다 피어나는 계절이 있다. 개나리와 진달래가 먼저 핀다고, 코스모스도 빨리 키우려고 물을 더 주고 양분을 더 준다 한들 피지 않는다. 사람도 마찬가지라고 생각한다. 저마다 꽃피는 계절이 있다. 내 주변에 개나리와 진달래만 있다고 코스모스인 나를 포기하려고 하지 않았으면 좋겠다. 가을이 되면 코스모스도 활짝 피어나게 될 테니 말이다."

모든 순간이
내게는 실전이었다

영업직에 대한 확신을 갖기까지

계속된 도전

실행력으로 목표를 이뤄가는 자동차 딜러 장명훈 씨 이야기

  그는 친구들과 어울리는 것을 좋아하는 활발한 성격의 과대표였다. 영업 일을 진로로 생각하고 있는데 그게 정말 자신의 길이 맞는 걸까 궁금해하며 내게 진로 상담을 신청해왔다.

  "다른 친구들은 다들 일반 기업에 입사하는 준비를 하거나 공무원 시험 준비를 했는데, 나는 막연하게 영업직을 생각하고 있었다. 선생님은 내가 정말 영업을 잘할 수 있는 사람인지 실전 경험을 통해 스스로를 한번 테스트해보라고 조언해주셨다. 그래서 취업동아리 경진대회, 나홀로 폭죽장사, 영어말하기대회 등등 적성을 확인하고 영업 실전에 필요한 내공을 쌓기 위한 노력을 차례로 해나갔다. 그런 연습들이 취업 후에도 고객들을 컨설팅할 때 큰 도움이 되었다."

  여러 경험과 노력을 거치며 그는 영업직에 확신을 갖게 됐고, 졸업 후

수입차 딜러가 되는 것을 목표로 세웠다. 그리고 곧바로 목표를 위해 실행해야 할 것들을 하나씩 만들어갔다. 그렇게 했던 특별한 경험은 실제로 그가 취업에 성공하는 데 결정적 기회를 만들어주었다.

"대학교 4학년 여름방학 동안에 골프장에서 일을 했는데, 그때 미리 나의 고객을 확보하자는 생각을 하고 실행에 옮겼다. VIP 고객 200명을 확보한 것이다. 면접을 볼 때, 그때 만들어둔 고객 내역을 면접관에게 보여주었고, 매우 긍정적인 반응을 얻을 수 있었다. 현장에서 가장 필요한 고객확보를 입사 전에 미리 준비했기 때문에 나만의 특별한 무기가 된 것이다. 너무나 당연한 말인데, 나는 정말 간절히 원하는 것을 매일 생각하고 그것을 위해 실행하면 반드시 이루어진다고 생각한다. 내가 실제로 그랬으니까 말이다. 누구든 어떤 일을 할 때 간절함이 성과를 만들어간다고 생각한다. 함께 일하는 팀장님은 35세에 영업일을 시작한 분인데 억대 연봉을 벌고 있다. 결국 늦은 때라는 건 없고 간절함이 성공을 만든다는 것을 실무에서 많이 느낀다. 그리고 한 가지 더 말씀드리면, 학교 간판은 전혀 중요하지 않다. 결국 모든 건 다 실전이니까."

'남들처럼'이 아니라
'나답게' 사는 삶

"나 정말 뭐 해먹고 살지?"

오늘도 이렇게 스스로에게 묻고 있는 사람들을 위해 이 책을 썼습니다. 취업을 소망하는 사람들, 퇴사를 꿈꾸는 사람들, 달리기가 아니라 버티기를 하는 사람들, 끝나지 않는 숙제를 안고 살아가는 그 모든 사람에게 이 책에 담긴 이야기가 작은 실마리가 될 수 있으면 좋겠습니다.

행복하게 사는 법을 가르쳐줄 수는 없습니다. 그건 결국 스스로 찾아야 하지요. 저는 다만 사람들이 자기 자신만의 잘 먹고 잘 사는 법을 찾도록 안내해줄 뿐입니다. 저처럼 살라는 말이 아니라 당신처럼 살라는 말입니다. 이십 대의 나처럼 후회하며 사는 삶이 되지 않기를 바랄 뿐입니다. 책을 덮는 순간 '이렇게 하면 되는구나, 나도 할 수 있겠구나'라고 생각할 수 있게 된다면, 그게 아니더라도 '조언과 도움을 얻을 수 있는 곳을 더 찾아봐야겠다'라는 생각만이라도 할 수 있게 된다면 충분히 만족할 것 같습니다.

혼자 고민해서 답이 안 나오면 누구에게든 조언을 구해야 합니다. 아기가 배고프면 소리를 내어 우는 것처럼, 궁금한 것이 있고 고민이 있다면 표현하고 질문할 수 있어야 합니다. 운동하기 위해 헬스장에 가는 것처럼, 아프면 병원과 약국을 찾는 것처럼, 진로가 고민되면 진로 전문가를 찾아야 합니다. 돈이 드는 일이 아닙니다. 아직 학생이라면 학교 내 취업지원부서를 찾아가도 되고, 졸업을 했다면 가까운 일자리센터를 방문해도 됩니다.

물론 '그렇게 한다고 얼마나 도움이 되겠어? 뻔한 얘기만 하는 거 아니야?'라고 생각하는 사람들도 있겠지요. 그러나 그렇지 않습니다. 아무리 뻔한 이야기라도 분명 도움이 됩니다. 전문가들이 있는 곳에 내가 알지 못하는 일자리 정보들이 다 모여 있습니다. 의심하지 말고, 눈치 보지 말고 찾아가보세요. 그들에게 질문하고 요청해보세요.

대한민국에서 취업은 가장 적극적인 복지라고 생각합니다. 제가 그 복지의 수혜자입니다. 취업 전문가들을 만났기 때문에 이 자리까지 올 수 있었습니다. 그래서 저는 스스로를 '취업복지사'라고 생각하며 현장에서 일하고 있습니다.

"선생님을 10년만 일찍 만났으면 더 좋았을 텐데요. 그럼 지금쯤 다른 삶을 살았을 거예요."

이렇게 말하던 취업준비생들의 말을 떠올리며 저는 그 10년 전을 살고 있는 아이들을 오늘도 만나러 갑니다. 이 아이들이 앞사람 뒤통수만 바라보며 의미 없는 경쟁을 하는 것이 아니라 나답게 사는 길을 찾는 어른으로 커가기를 바라는 마음입니다.

그리고 지나온 10년을 후회하는 이들에게도 이 말을 기억하라고 말해주고 싶습니다.

"사람의 내일을 알고 싶거든 그가 지나온 어제가 아니라 그가 살고 있는 오늘을 살펴라."

내일이 달라지기를 바란다면 오늘이 중요하고, 지금이 중요한 것입니다. 물론 포기하고 싶은 순간들도 있을 테죠. 그런 순간이 오면 그때는 이 말도 꼭 기억해주었으면 좋겠습니다.

"느린 것을 두려워하지 말고 멈추는 것을 두려워하라."

멈추지만 말고 갑시다. 뛰지 않아도 좋습니다. 중요한 것은 빠른 취업이 아니라 바른 취업이니 말입니다. '이제 와서 내가 무슨.' 이런 생각도 버립시다. 절대 늦지 않았습니다. 100세 시대, 80세 현역을 준비하는 세상입니다. 나를 찾는 일부터 다시 시작하면 됩니다. '남들처럼'이 아니라 '나답게' 사는 삶에서 가장 중요한 프로젝트, 당신도 해낼 수 있습니다.

꿈은 모르겠고 취업은 하고 싶어

90년대생의 취업은 다르다

초판 1쇄 인쇄 2019년 2월 26일
초판 1쇄 발행 2019년 3월 5일

지은이 금두환
펴낸이 김선식

경영총괄 김은영
기획편집 윤성훈 **크로스교정** 조세현 **책임마케터** 박태준
콘텐츠개발4팀장 윤성훈 **콘텐츠개발4팀** 황정민, 임경진, 김대한, 임소연
마케팅본부 이주화, 정명찬, 최혜령, 이고은, 이유진, 허윤선, 김은지, 박태준, 박지수, 배시영, 기명리
저작권팀 최하나, 추숙영
경영관리본부 허대우, 임해랑, 윤이경, 김민아, 권송이, 김재경, 최완규, 손영은, 김지영
외부스태프 구성 및 교정 한보라 **디자인** 이승욱 **일러스트** 허안나

펴낸곳 다산북스 **출판등록** 2005년 12월 23일 제313-2005-00277호
주소 경기도 파주시 회동길 357, 3층
전화 02-704-1724
팩스 02-703-2219 **이메일** dasanbooks@dasanbooks.com
홈페이지 www.dasanbooks.com **블로그** blog.naver.com/dasan_books
종이 (주)한솔피앤에스 **출력·인쇄** 민언프린텍 **후가공** 평창P&G **제본** 정문바인텍

ISBN 979-11-306-2100-5 (03320)

다산북스(DASANBOOKS)는 독자 여러분의 책에 관한 아이디어와 원고 투고를 기쁜 마음으로 기다리고 있습니다.
책 출간을 원하는 아이디어가 있으신 분은 이메일 dasanbooks@dasanbooks.com 또는 다산북스 홈페이지 '투고원고'란으로
간단한 개요와 취지, 연락처 등을 보내주세요. 머뭇거리지 말고 문을 두드리세요.